[ 来自妈妈 ]

感谢小安！

你的到来，让这个世界越来越有趣了。

我不想做这种完美家庭的牺牲品，

我愿意做个手里捧着白菜的普通人。

我们就是这样成了别人眼中的奇葩母女——

一个笨小孩，一个不靠谱的妈妈。

# 我亲爱的笨小孩

肖薇 著

新世界出版社
NEW WORLD PRESS

图书在版编目（CIP）数据

我亲爱的笨小孩 / 肖薇著 . -- 北京 ：新世界出版社，2024.4

ISBN 978-7-5104-7703-4

Ⅰ . ①我… Ⅱ . ①肖… Ⅲ . ①中小学生—家庭教育 Ⅳ . ① G782

中国国家版本馆 CIP 数据核字（2023）第 089380 号

# 我亲爱的笨小孩

作　　者：肖　薇
责任编辑：丁　鼎
责任校对：宣　慧　张杰楠
责任印制：王宝根
出　　版：新世界出版社
网　　址：http://www.nwp.com.cn
社　　址：北京西城区百万庄大街 24 号（100037）
发 行 部：（010）6899 5968（电话）　（010）6899 0635（电话）
总 编 室：（010）6899 5424（电话）　（010）6832 6679（传真）
版 权 部：+8610 6899 6306（电话）　nwpcd@sina.com（电邮）
印　　刷：吉林省吉广国际广告股份有限公司
经　　销：新华书店
开　　本：880mm×1230mm　1/32　尺寸：145mm×210mm
字　　数：180 千字　印张：8
版　　次：2024 年 4 月第 1 版　2024 年 4 月第 1 次印刷
书　　号：ISBN 978-7-5104-7703-4
定　　价：52.80 元

[ 来自女儿 ]

不要让人家感觉我就如何成功了。

我现在依然活得很紧张、很焦虑， 甚至比其他孩子更焦虑，

这是你给了我自由后我必须承受的。

别的孩子会把家长当退路，我不能。

保持专注是成功的一个重要条件。

无论是学生时代，还是成年后开始职业生涯，

没有这份专注力，总是被外面的花花世界打扰，

肯定不会有大作为。

不少到了高中遇到学习困难的孩子会在重压之下崩盘，
此前越是一路顺利，崩盘的可能性越大。
而小安在成长的道路上，
经历了很多的摔打，她适应困难的能力也会强一些。
心理成熟稳定，或许才是最根本的原因。

这么说起来，
就不是“出名要趁早”“成功要趁早”，
而是“失败要趁早”。

写作是需要一定的天赋的。

优秀的作家确实有过人的观察力和感受力，

很平常的事在他们眼中都有别样的风景。

可这样的人少之又少，也学不来。

孩子通过阅读和写作训练，

达到能把一件事说清楚的程度，也就够了。

做一个终身阅读、终身努力的人，

这样的示范会让孩子知道，

奋斗是人一辈子都要做的事，

阅读是可以伴随终身的爱好。

很多孩子的朋友都来自父母的朋友圈——

长辈以及长辈的朋友、长辈朋友家的孩子。

而他与这些人的交往一般也都是在双方家长在场的情况下发生的，

也就是说，很少有朋友是因为志趣相投交到的。

所以，在脱离开父母的环境中，

这些所谓的朋友并不能够让他们依靠和信任。

我没怎么刻意去培养过孩子的独立性，

但要说到经验的话，还是有一些的，首先一条就是：

要狠下心来让她去碰壁、去受委屈。

自己的事自己做，并且承受由此带来的好和坏。

这事没有明确写进我家的什么“约法三章”，

但因为从来都是如此，小安也就天然地接受了。

放手这件事，对每个家长都是挺难的。

很多家长都会在嘴上说你自己决定，

可一旦孩子的选择跟自己预想的不一样，

就会忍不住多嘴，很多争吵由此而来。

时间一长，孩子压根就不相信这世界上有真正的自由了。

我眼瞅着小安为了自己的决定不计后果地努力，

也眼瞅着她无声无息地放弃，就当什么事都没发生过。

要知道，这时候最煞风景的一件事就是大人跳出来说：

你看我说什么来着，被我说中了吧，早听我的何至如此？

敢做决定并为自己的决定负责，这才是真正的独立。

我对小安经常有一些很具体的要求，

比如：人人平等，尊重所有人。

对长者、尊者礼貌待之，很多人都能做到，

但只有以宽容和共情去感知别人的心情，

才会有发自内心的尊重之举。

这是一种平等观，更是一种善良。

学才艺，是对素质教育最狭义的定义，
也是家长最容易操作的事。可决定学什么就难了。
热门还是冷门？有用还是有趣？
家长喜欢的还是孩子喜欢的？“取长”好还是“补短”好？
每条路上都有成功的案例，也有失败的教训，
从来没有万能神药。

真正重要的其实是坚持，
只有坚持才能克服时不时跳出来的功利心、
时间管理上的难题以及各种理由充足的放弃的念头。
唯一令我支撑下来的甚至不是那个培养素质的理念，
而是另外一个执着的念头：
只要这件事坚持下去了，
在小安接下来的人生中，她将无惧任何挑战！
事实也的确如此。

当要求孩子做到时，自己首先要做到。

这句话也是写在育儿宝典里的。

制怒是做家长最重要的功课，尤其是在孩子犯错的时候。

把自己的不良情绪转嫁给孩子，更是大忌。

这一点其实每个家长多少都明白，

但很少有人能够做到。

# 放下执念，就快乐了

小安是我的女儿，一个平凡的孩子，挺用功挺努力，可成绩一直徘徊在中等，于是，我们可以很轻易地得出这样的结论：她挺笨，至少不聪明。

如果是你，当了十多年成绩不上不下的中等生的家长，想必会很焦虑吧？

太多人想做完美的母亲了，可哪有什么完美呢？

谁不想做个好母亲，给孩子提供一个好的成长环境？这种执念，往往会转化成一种怨气。你每天早起，为他做一切事，省吃俭用，给他买最好的，可一旦有一天孩子不如你意，你是不是就会想：我为他做了这么多，怎么就换来这个？打着为孩子好的名义所做的事，往往会和牺牲、奉献、母爱伟大联系起来，殊不知，当它得不到对等的回报时，会给人以多么大的反噬！

我不想做这种完美家庭的牺牲品，我愿意做个手里捧着白菜的普通人。

这就当是在给自己找借口吧，可一旦有了这个借口，世界一下子就美好起来了。没有精致的早餐，没有临睡前的陪伴，没有老师一通电话就必须飞奔到学校的自觉，好像孩子的情形也没有变得更糟。既然我不是完美的母亲，也就不会要求孩子完美，考不了100分又如何？被老师批评又如何？生了病，不用打完吊瓶还去赶着上课。有不想错过的电影和演出，作业不写就不写吧。

我们就是这样成了别人眼中的奇葩母女——一个笨小孩，一个不靠谱的妈妈。

我们习惯了从彼此的冷嘲热讽中感受温暖和鼓励，越来越从容地坚持自己的原则和选择，让这条艰难的求学之路走起来没那么如临深渊、战战兢兢。

当然，也不是从一开始就可以放下的。“散养”与“鸡娃”成为当下流行的标签，用来形容两种类型化的母亲。但这应该都不是我们的初心，每个人都被时代潮流裹挟，有人向左，有人向右。

不写作业，父慈子孝；一写作业，鸡飞狗跳。成绩成了父母KPI（关键绩效指标）中最大的权重，因此导致的恶果比比皆是：孩子成绩好，所有品德和性格上的缺陷都可以被原谅、被忽视；成绩不好，多么活泼善良的孩子都有可能阴郁起来。

我的放下，恰恰就是在小安上了小学后成绩一直不理想的情况下觉悟的。第一层觉悟，来自一种不安，我不希望她变得不自信、不快乐，更不希望她带着对这个世界的怨恨和敌意长大；第二层觉悟，来自一种常识，在智商的不平等面前，人力往往难为，如果孩子不是学习的料，补再多的课早晚也得打回原形；第三层觉悟，来自一种相信，孩子的成长之路上，一定有比成绩更重要的东西，比如自信、坚韧、责任心、积极与乐观。

或许我当年的放下——更准确地说应该叫放弃，放弃了她成为一个优等生的念头，多少有点自暴自弃的感觉。可没想到的是，正应了那句老话，有舍才有得，小安的高考成绩比我们预想的好了不少。

对于学霸，大家只会羡慕。而小安的经验，更让人有探究的欲望，这里面应该会有些可以仿效和复制的方法吧？

有一段时间，很多人来找我请教培养孩子的方法，看了我不补课、不“鸡娃”的做法之后，家长们啧啧称奇，充满敬佩，若有所悟，但转过身去仍旧带着孩子奔走于各个辅导班。于是，我明白了我还是异类，小安的所谓“成功”不可复制，因此我选择了闭嘴。

但到了今年，我又有了把我跟小安的故事写下来的欲望，这来自“双减”之后看到的一些年轻家长的焦虑。我曾经以为没有任何事情能够阻止中国家长“鸡娃”的脚步，没想到“双减”之后，家长们失去了方向，要么咬着牙付出更加高昂的费用变着法儿地找名师一对一变相补课，要么就在慨叹“补不起了，新政可能带来更进一步的阶层固化”，还有一些狠角色，已经决定重新上一遍中学，把自己打造成名师，亲自辅导孩子了。

这些显然更难走的路，注定难以持续，或许在他们疲惫不堪的时候，可以回过头来，再看看我和小安的故事。

小安经常问我："如果我高考考砸了，你会对我失望吗？"我说："不会，只要一想到你有能力、有韧劲，我永远不会对你失望。"

我也会问小安："如果你没有考上好大学，你会埋怨妈妈吗？"小安说："我不会，因为这是我自己选的。"

是的，这条路是我们共同的选择，无论结果如何，我们都会共同承担。

小安并不赞同我写这本书。

她说还没做好回顾自己这些"黑历史"的准备。她说当下的自己对人生仍然充满迷茫和惶惑，如何做一些确定性的总结？

读完全部书稿，她纠正了我一些记忆错误之处，肯定了我的坦诚，同时又有些开玩笑地说："看来你并不太了解我啊，在你眼中，我始终是个天真单纯的小孩子呢。"

看到我辛苦地码了这么多字，充满着分享的愿望，小安无奈地说："希望大家把书里的小安当作一个形象、一个符号，她不是我，至少不是全部的我。"

我只能接受这样的结论。在我决定写这本书的时候，我希望自己是诚实的，不隐藏自己的弱点和毛病，但写着写着，不自觉地就开始塑造自己，并越来越觉得自己成了孩子人生最重要的引路人。但其实我们没那么重要，或许从孩子的视角来看，她人生的很多重要回忆是留给她的老师、同学甚至是一些我所不知道的朋友的。那些我们参与其中并觉得帮她成功迈过去的坎儿，也许真正的功臣是她自己，或许她至今还没有迈过去。孩子不说，只是因为她长大了，成熟了。

又或许，大部分的我们只是孩子的“衣食父母”，每个人都是独立的个体，自有其成长轨迹，没给孩子的人生添乱添堵，就算不错了。

必须说，小安是对的。我不是教育专家，小安也不是成功的孩子，我们的故事里也没有正确答案和人生指南，只是提供了另一种成长的可能罢了。

# 目录

*Part 1*

## 序篇



*Part 2*

## 学业那些事儿

小安读了一部分我写完的文字，并不怎么赞同。
她认为我无意之中美化了她也美化了自己，

**“我没有你想象的那么好，**
**你也没有你写的那么潇洒和民主。”**

这一点我可以承认，人总是愿意过滤掉一些不愉快的回忆。
但我还是努力进行了一些修改，希望能更加坦诚。
还有一点小安也说得对：

**“不要让人家感觉我就如何成功了。**
**我现在依然活得很紧张、很焦虑，**
**甚至比其他孩子更焦虑，**
**这是你给了我自由后我必须承受的。**
**别的孩子会把家长当退路，我不能。”**

—— p13，“双减”之后不“鸡娃” ——

*Part*

# 1

# 序篇

—

## 放下执念，就快乐了

# 她就是个中等生

我的女儿小安从小学开始就是个中等生。

中等生的定义，有以下事例为证：

说句流行的话，小安是输在了起跑线上的孩子。上小学前，她认识的字十个手指头就能数得过来，连自己的名字都写不对；没学过拼音，没学过算术，英语学了一年多，也就会最简单的对话和几十个单词而已。所以，在大部分一年级的孩子考双百的情况下，她的语文只有90分出头，数学80多分，排在全班倒数第二名。

到小学三四年级的时候，她的班级排名从倒数第二前进到了20多名，成功进入中等生行列，然后一直停滞不前。有一点挺可贵，虽然排名始终徘徊不前，成绩倒是一直保持在语文90出头、数学80多分。每次拿到成绩单，我至少可以这样表扬她：你的成绩还真是稳定呢。

进入初中后，小安的成绩依然没有太大改善。语文和英语成绩处于中等偏上，数理化还是中等偏下，特别是数学，一直在及格线徘徊。中考时，在“超水平”发挥的情况下，她勉强考上了一所重点高中。

在我所在的这个二线城市里，重点高中有三个梯队：第一梯队是三所几乎并驾齐驱的学校，被称为“大三校”，进入这类学校基本上就预定了985院校的名额（现在都叫“双一流”了，但为了顺口，还沿用着旧称，以下的211也是如此）；第二梯队也是三所相对不错的学校，被称为“小三校”，这一梯队的大多数孩子能考上不错的211院校；第三梯队有差不多十所学校，较前两者差距很大，大部分孩子只能以过一本线为目标。小安的高中就在这第三梯队之中，她的入学成绩在同学中还只排在中下水平，按照入学时老师的估计，能上一本就很不错了。

所以，小安就是个彻头彻尾的中等生。

曾经有个智商测试，一万个人中只有一个人可以达到160分的智商，也就是“天才”的标准，与此相对应，所谓“白痴”的出现概率应该也只有万分之一。再按万能的“二八定律”来看，在所有的孩子中，学霸顶多不过20%，再去掉极少部分由特殊情况造成的学习困难者，大部分孩子都是像小安一样的中等生。

所以，小安的苦乐喜忧也一定是大多数学生的常态。

# 另类就是不称职吗

把中国家长按焦虑程度来区分的话，最焦虑的人群一定是中等生家长：天才和学霸不待扬鞭自奋蹄，只有中等生，看上去都挺聪明的，成绩使劲抓就能上去，稍一放松就一落千丈。这就让家长们普遍陷入了一场苦战，把孩子的事当成自己最重要的事，投入全部的精力死死盯住他们。

可中等生小安偏偏遇到了我这样不负责任的家长。

每次有朋友听说我家小安的成绩不好，总会发出这样的灵魂三问。第一个问题："孩子看上去挺聪明的啊？"这话背后的意思其实是：孩子智商有问题吧？我回答：挺聪明的，学点什么也不太费劲。

第二个问题："没花钱给孩子找好老师呀？"这话其实是问家里的条件怎么样，是没钱还是舍不得花钱给孩子报班呢？我回答：上补习班的钱还是有的，乱七八糟的班，什么音乐、舞蹈也没少上，就是没认真补过学习。

于是就有了第三个问题："那是孩子有什么特殊的才能吗？还是对孩子有什么特殊的规划，不想走寻常路？"我回答：没有什么过人之处，就是跟大部分孩子一样，按部就班地上小学、上中学，然后准备考大学。

三轮问答结束，对方多半一脸茫然，或者还有点鄙夷：就没见过你这样的。

小安小学一年级的一天早上，八点半，我被班主任老师的电话吵醒。

刚刚熬了个大夜，我昏昏沉沉接起电话，一看是老师的手机号码。手机里传来小安怯怯的声音："妈妈，班费忘带了。"我当时脑子非常不清醒，只记得是周五，于是用梦游一样的声音说："是需要我现在送去，还是周一补交也行呢？"

电话里一阵嘈杂，没听清说什么，然后就没声了。那就是不着急了吧？于是我又昏昏睡去。

不一会儿电话再次响起，是当天帮老师收班费的家长打来的。那家长压低声音说："还睡呢？你心也太大了！老师正在教室里训你家闺女呢，'孩子丢三落四，家长还能睡得着'，气得把手机都摔了。"

这件事发生在小安上小学一年级第N次忘带东西的时候。从那时起，就注定了我在老师眼里是个不称职的妈妈。

忘带东西是常事，我保证不了每天晚上检查一遍孩子的书包、核对老师的指令。孩子写作业，我没陪过几次，有时是因为自己手头也有事，有时就是单纯不想陪，总觉得学习就应该是她自己的事。至于孩子在快餐店吃早餐，来不及了就在校门口的路边摊对付一口，更是常事。

比起那些投入苦战的家长们，我的确有些另类。

# 完美家庭不存在

小安中考那年，正赶上我接到了一个重要的工作任务，她六月中考，我从三月到五月底一直在出差。小安调侃说：“你是怎么做到如此完美地避开我人生中所有重要时刻的？”

也不能让工作背锅，不是非我不可的大事，也没有什么鱼和熊掌的艰难选择，只是一种生活方式罢了。我就是不想上“完美母亲”这辆战车，就是不想在这场“鸡娃”大战中变成自己讨厌的样子。母爱伟大，应该出自本能，而不是被强迫扮演牺牲者的形象。

太多人想做完美的母亲了，可哪有什么完美呢？

想起鲁迅先生的小说《幸福的家庭》。

小说中，一位作家要描绘一个完美的家庭，刚一落笔就犯了难：那家庭该安在哪里呢？不能在北京，那里死气沉沉的，连空气也是死的，上海的房租贵，云南、贵州交通太不便，于是只能在虚拟的城市 A 了。他是这样设计一个完美的家庭的：家庭中自然是两夫妇，他们订有四十多条条约，非常平等，十分自由，受过高等教育，优美高尚。男主人始终穿洋服，硬领始终雪白；主妇是前头的头发始终烫得蓬蓬松松像一个麻雀窠，牙齿是始终雪白地露着，但衣服却是中国装。他们是优美高尚，很爱文艺的。他们看什么书呢？拜伦的不行，济慈的也不稳当，只能看《理想之良人》了。两人正在用午餐，桌上铺了雪白的布。吃什么菜呢？滑熘里脊，虾子海参，实在太凡庸。偏要说他们吃的是“龙虎斗”，无论哪里人吃一碗蛇和猫或者蛙和鳝鱼，于幸福的家庭是绝不会有损伤的。主人的书房门永远是关起来的，有事要商量先敲门，得了许可才能进来……

写到这里的时候，作家走神了，耳朵里是妻子在门口与卖菜的小贩讨价还价的声音，于是作家控制不住地写道：主妇来谈文艺了，也就先敲门。这可以放心，她必不至于捧着白菜的。

晚上读到这里时，我在被窝里偷笑，想象着鲁迅先生也在那头顽皮地笑着，他在告诉我们：哪里会有完美的家庭呢？

家庭如此，父母也一样，完美从来求之不得。

# 别人家的妈妈

太多人想做个好母亲，给孩子提供一个好的成长环境。这种执念，往往会转化成一种怨气。你每天早起晚睡，忙里忙外，为孩子做一切事，还省吃俭用，给他买最好的，可一旦有一天孩子不如你意，你是不是就会想：我为他做了这么多，怎么就换来这个？

打着为孩子好的名义所做的事，往往会和牺牲、奉献、母爱伟大联系起来，殊不知，当它得不到对等的回报时，会给人以多么大的反噬！

我不想做这种完美家庭的牺牲品，也不想在母爱的自我感动之下忍辱负重，把所有的压力都扛在自己身上。

经常看到媒体报道的一些先进人物，每一个光辉事迹的背后总有一个被牺牲的家庭、一些被耽误的孩子，聚光灯下的人充满愧疚，阴影中的人充满委屈。

有一次，因为获了一个小奖，也有媒体来采访我，问的是同样的问题：你这么忙，没时间管孩子，会不会觉得欠她的？我说不啊，孩子选择不了家庭，她生在什么样的环境都要努力适应，能够让她看到一个努力工作的母亲难道不是她的幸运吗?

这就当是在给自己找借口吧，可一旦有了这个借口，世界一下子就美好起来了。没有精致的早餐，没有临睡前的陪伴，没有老师一通电话就必须飞奔到学校的自我强迫，好像孩子的情形也没有变得更糟。

既然我不是完美的母亲，也就不会要求孩子完美，考不了100分又如何？被老师批评又如何？生了病，不用打完吊瓶还去赶着上课。有不想错过的电影和演出，作业不写就不写吧。

高考前一周，学校放假，让学生在家自己复习。小安说:“学不下去了，我们去唱K吧。”我说:“好啊。老师们常说‘临阵磨枪，不快也光’，我的经验却是‘临阵磨枪，上场慌张’。所以，还不如把脑子清空呢。”

那时是下午一点，估计很少有人见过非节假日练歌房的白天，居然很拥挤，我们还是跟在一群热爱艺术的大爷大妈后面排队才等到了包房，然后唱了一下午，她唱她的网络神曲，我唱我的怀旧金曲。

还有一年的期末考试前，小安又学不下去了，看我闲着，说:“帮我背背题吧，你问我答。”我看着几大页印成小字的概念解释题，密集恐惧症都犯了，连连拒绝。她发牢骚说:“你怎么这样，别人的妈妈都……”我说:“打住！我从来没要求你当别人的孩子，你也别要求我当别人家的妈妈。”

我们就是这样成了别人眼中的奇葩母女，我们习惯了从彼此的冷嘲热讽中感受温暖和鼓励，越来越从容地坚持自己的原则和选择，让这条艰难的求学之路走起来没那么如临深渊、战战兢兢。

# 散养故事没人信

“散养”与“鸡娃”成为当下流行的标签，用来形容两种类型化的母亲。但这应该都不是我们的初心，每个人都被时代潮流裹挟，有人向左，有人向右。

不写作业，父慈子孝；一写作业，鸡飞狗跳。成绩成了父母KPI中最大的权重，因此导致的恶果比比皆是：孩子成绩好，所有品德和性格上的缺陷都可以被原谅、被忽视；成绩不好，多么活泼善良的孩子都有可能阴郁起来。

我的放下也不是从一开始就做到的，而是在小安上了小学后成绩一直不理想的情况下觉悟的。第一层觉悟，来自一种不安，我不希望她变得不自信、不快乐，更不希望她带着对这个世界的怨恨和敌意长大；第二层觉悟，来自一种常识，在智商的不平等面前，人力往往难为，如果孩子不是学习的料，补再多的课早晚也得打回原形；第三层觉悟，来自一种相信，孩子的成长之路上，一定有比成绩更重要的东西，比如自信、坚韧、责任心、积极与乐观。

或许我当年的放下——更准确地说应该叫放弃，放弃了她成为一个优等生的念头，多少有点破罐子破摔的感觉。可没想到的是，正应了那句老话，有舍才有得。

没有人会想到，上了高中后，中等生小安的成绩突然好了起来。高一期末，她从入学时的年级500多名进入了前100名，高二进入前30名，到了高三就是10名以内的尖子生了。她就像老辈人常说的，突然就开窍了，然后爆发出惊人的冲刺能力，考到了理想的学校。

在我所工作的知识分子扎堆的文化单位里，成绩优异的孩子太多了，几乎年年都有孩子考上世界名校。与他们相比，小安显然逊色太多，以至于每一次同事们之间谈起孩子，别人说的都是孩子成绩如何，而我只能讲她学习以外的事，为大家贡献一些笑料和故事而已。所以，对于小安的高考结果，很多人都用上了“逆袭”二字。

对于学霸，大家只会羡慕。而小安的经验，更让人有探究的欲望。从小安接到大学录取通知书的那一天开始，就有人来找我请教培养孩子的方法，也不断有人想让我写点什么。大家感兴趣的肯定不是我们的那些奇葩故事，更不相信这会成为小安高考的制胜之道，他们坚信，在我那些嘻嘻哈哈的笑话之外，一定还有不传之秘。

于是，我也开始分享陆续写出的一些小短文。但看了和听了我不补课、不“鸡娃”的做法之后，家长们啧啧称奇，充满敬佩，若有所悟，但转过身去仍旧带着孩子奔走于各个辅导班。于是，我明白了我还是异类，小安的所谓“成功”不可复制，因此我选择了闭嘴。

# “双减”之后不“鸡娃”

到了今年，我又有了把我跟小安的故事写下来的欲望，这来自“双减”之后看到的一些年轻家长的焦虑。我曾经以为没有任何事情能够阻止中国家长“鸡娃”的脚步，没想到“双减”之后，家长们失去了方向，要么咬着牙付出更加高昂的费用变着法儿地找名师一对一私下补课，要么就在慨叹“补不起了，新政可能带来更进一步的阶层固化”，还有一些狠角色，已经决定重新上一遍中学，把自己打造成名师，亲自上手辅导孩子了。

这些显然更难走的路，注定难以持续，或许在他们疲惫不堪的时候，可以回过头来，再看看我和小安的故事。

小安经常问我：“如果我高考成绩没有那么好，你还会像今天这样为我感到骄傲吗？”我说：“我会，因为我骄傲的不是你的成绩，而是你的能力与韧劲。”

我也会问小安：“如果你没有考上好大学，你会埋怨妈妈吗？”小安说：“我不会，因为这是我自己选的。”

是的，这条路是我们共同的选择，无论结果如何，我们都会共同承担。

“双减”政策出台之后，大家的目光都聚焦在给孩子减负上。可真正应该减负的恰恰是做父母的。你能扛下孩子的一生吗？当你负重前行并自我感动的时候，可曾想过，那一直在你的羽翼下被小心呵护着长大的孩子，是不是早已失去了展翅高飞的能力？

或许，是时候该让父母们卸下身上的重负了，把那些徒劳无益的书山题海扔掉吧，把那些应该由孩子承担的责任交给孩子吧。我们轻松上路，也让孩子走得更开心些、快乐些。

小安读了一部分我写完的文字，并不怎么赞同。她认为我无意之中美化了她也美化了自己，“我没有你想象的那么好，你也没有你写的那么潇洒和民主。”这一点我可以承认，人总是愿意过滤掉一些不愉快的回忆。但我还是努力进行了一些修改，希望能更加坦诚。

还有一点小安也说得对：“不要让人家感觉我就如何成功了。我现在依然活得很紧张、很焦虑，甚至比其他孩子更焦虑，这是你给了我自由后我必须承受的。别的孩子会把家长当退路，我不能。”

所以，我和小安所经历的这些故事，或许并不具备普遍性。我们提供的不是道路，只是无数条通向远方的道路中的一种风景而已。

又或许，你坚持要当个完美的家长，那么可以合上这本书，继续走你的路。

那些为了自己的“面子”而不惜给孩子“打鸡血”的父母，

不妨读读就像鲁迅先生的《我们现在怎样做父亲》。

鲁迅说：

**“只能先从觉醒的人开手，**

**各自解放了自己的孩子。**

**自己背着因袭的重担，肩住了黑暗的闸门，**

**放他们到宽阔光明的地方去；**

**此后幸福的度日，合理的做人。”**

鲁迅先生还有句更有名的话：**救救孩子……**

—— p28，还要赢在后半程 ——

*Part*

# 2

# 学业那些事儿

—

## 起跑线思维与后半程思维

*chapter 1*

# 天才识别法

识别自己的孩子是不是天才，

方法其实很简单。

很多家长说自己判断不出孩子究竟有没有学习的天赋，

我觉得大部分人是自己骗自己，

少部分人是被孩子在小学、

初中阶段靠“鸡娃”带来的好成绩给骗了。

# 没准生了个天才

刚当母亲那会儿，我整天盯着孩子看，特别容易被鼓励，也特别容易被打击。

总有两个相反的念头反复徘徊在脑子里，并且一遍遍在孩子身上确认：没准我生了个天才？她不会有什么毛病吧？

先说不好的念头。书上说，两个月的婴儿可以有意识地用手去够东西了。可小安总是老老实实地躺着，两只手从来不乱动，更不要说够东西了。我去问专家：这正常吗？专家说：可能是发育迟缓，也有可能是脑瘫。检验的方法是：把孩子拎起来，着地的时候，如果是脚尖着地就没事，如果是脚后跟着地，可能就有问题了。

我试了一下小安，真是脚后跟着地！

我的焦虑影响了全家人，爷爷表面上说“别大惊小怪的”，可只要屋里没别人，就一直晃动小安小床上方挂着的各种花里胡哨的玩具，吸引孩子去够，可每一次都失败了。

我们充满了各种不好的想象，可又不敢去医院验证。拖久了，全家人精疲力竭，但也都想开了：有问题又如何？还是得好好养啊，顺其自然吧。慢慢地，这事被另外一些更大的焦虑取代了：什么时候应该会翻身了，什么时候应该会走路了。对照“时间表”，她总是不合格……

直到小安学会了翻身，学会了爬，学会了走，她也从来没对小床上方的玩具做出任何示好的举动。

再说好的念头。小安让人惊喜之处也时常出现：几个月大的孩子躺在床上无意识地哼哼，似乎是段旋律，我不会生了个莫扎特吧？一岁的时候，小安已经能完整地说一长串话了，没准她是个语言天才？

教育专家告诉我们，别以为几个月大的孩子什么也不知道，他们只是说不出来而已，其实他们什么都知道，他们心里也有一个广阔的世界。这话无法得到验证，但我能确定的是，作为几个月大的婴儿的母亲，我心里肯定有个更广阔的世界，已经依据她各种莫名其妙又似乎自带意义的行为，为她设计出千万种完全不同又无限精彩的人生了。

# 失效点读识字法

一岁就能说一长串话的小安，给了我很大的惊喜。但是很快我就意识到，擅长说话可能是小安的天赋中最大的一项了。

我是在小安两岁左右时隐隐觉得她可能不会成为学霸的，是从给她读童话书时察觉的。

我的长辈们一直津津乐道于我小时候有多聪明，也是在给我读小人书时看出来的。在我们不知道早教为何物的时代，大人们没闲工夫整天陪孩子，更没有人教孩子识字、算数，能有耐心把家里为数不多的几本小人书读给孩子听，已经算是好家长了。可我，在听大人读了几遍小人书之后，就能把故事背下来，然后和书上的文字一一对应上，于是认了字。到上小学的时候，我基本上已经能自己看小人书甚至读报纸了。

后来我才知道，我居然歪打正着地掌握了一种写进育儿教材的识字方法——点读识字法。

点读识字法的核心在于：家长要一字不差地读书上的故事，反复读，直到孩子可以背下来为止。读的时候要逐一点着书上的字读，强化孩子的记忆，让他把听到的每一个字和书上的字一一对应起来。等到孩子在别的地方再看到同样的字时，他自然就认识了。

可这种方法在小安身上彻底失败，她从来没有过把一本故事书听完的时候，哪怕只有十几页。她总是缠着你聊天，你读一句，她就说一句，不停地问问题，问着问着就跑题了，把我也弄乱了，连读到哪儿都忘了。同一本书，每次的对话都不一样，这就导致我每一次读的基本上都是个新故事，所以也不存在点读的可能了。

这事让我沮丧了很久。要知道，怀疑自己孩子不聪明这件事，是没有母亲愿意跟别人分享的。所以，直到很久以后，在问过很多朋友之后，我才意识到：像我小时候那样无师自通学会点读识字的孩子少之又少，这根本就不是一个有普遍意义的标准。我做到了，但我仍然不是天才，只能证明在识字这件事上，我更适合这种方法而已。

# 坐不住，有点烦

点读识字法的失败让我沮丧，但并未死心，因为小安有超强的表达能力，在外人面前从不怯场，总能侃侃而谈，反应也极快，所以会经常听到别人夸奖她聪明。（现在看起来，这种夸奖没多大意义，我们对待别人家的孩子，也同样不吝赞美，不过是社交礼仪罢了，完全当不得真的。）

接下来的另一项天才“验证”，再次给了我打击。

上了幼儿园之后，每天放学前，老师都会留出差不多半小时的时间让孩子们画画。大多数孩子都会在规定时间内完成，最快的可能十多分钟就可以出来找等在外面的家长了。而小安，每一次都要在放学铃声响过好久以后才出来，多半是全班最后一个完成的，有时候老师着急回家，只能向她投降，让她把只有几笔凌乱线条的图画带回家接着画。

这件事检验的并不是孩子的绘画天赋，而是注意力。老师留的画画作业非常简单，大多数时候就是描轮廓、填颜色之类的，只要孩子精神集中，很快就能完成。这也是一种训练方法，让儿童的注意力集中的时间不断延长。可这套方法在小安身上同样失败，她太容易被干扰，旁边的小朋友哪怕打个哈欠，她都会看上半天。

# 坐不住的孩子

保持专注是成功的一个重要条件。无论是学生时代，还是成年后开始职业生涯，没有这份专注力，总是被外面的花花世界打扰，肯定不会有大作为。

对于刚刚进入小学的孩子来说，缺乏这种能力，我们通常会称之为“坐不住”。

坐不住的孩子通常又分为两种。

一种是相对的，不是在所有事情上都坐不住，那些他们感兴趣的事，比如看电视、玩手机或者玩自己喜欢的玩具，只要家长不打断，他们可以一坐大半天。对这种孩子，可以找到解决问题的办法，比如：调动他们的兴趣，爱看动画片的孩子就在动画片里学英语；爱摆弄小汽车的，就多给他买几种不一样的车，让他来分辨颜色和形状。

还有一种“坐不住”是绝对的。往好一点说，就是他们通常特别具有好奇心，看什么都新鲜；但遇到什么事都浅尝辄止，做什么事都只有三分钟热度。

很不幸，小安就是这样的孩子。我也想了很多办法，只要是她喜欢的事情都带着她去做，比如拼乐高、折纸、捏泥人、画画、做陶艺，可每一次的结果都是她做了不到一会儿就跑开去玩别的了，剩下我一个人傻乎乎地坐在一堆孩子当中把手工做完。

坐不住，当然就不可能专心听讲、及时完成作业，成绩自然也就好不到哪里去。

刚上小学，课程相对简单，但小安与其他孩子的差距还是一下子就拉开了，反映在试卷上就是丢三落四，做题马虎，该背的诗没背，该记的字没记。

到了二三年级，对比更加明显：别的孩子听一遍就记住了，她背了大半天还磕巴；别的孩子会举一反三、一通百通，她必须把所有老师留的题都做了，花好大的力气反复练习，才能勉强合格。

这个时候，我终于确认了一件事，小安是不可能成为学霸的，她就是个平凡的孩子。

这件事令我郁闷了很久，甚至感觉自己都有抑郁倾向了，有时候在孩子面前都会控制不住自己的脾气。一天，小安放学后很开心地说："今天考试，我考了90分。"我一听挺高兴，可仔细一问才知道，全班一大半学生都比她分高，我于是突然就忍不住了，尖刻的话脱口而出："你就不能让我真正开心一回吗，哪怕一回？！"不说小安的反应，连我自己都被吓到了。

到了这种程度，我知道必须做点什么来改变现状了。摆在我面前的是两条路：向左走，像大部分家长一样给孩子补课，报辅导班，把成绩提上来；向右走，调整好自己的心态，顺其自然。

我选择了向右走。

# 接受平凡有点难

我不是所谓散养型的家长，对孩子的成长一直是很在意的。不是不看重学习，而是觉得还有一些事是与学业同样重要的。

比如，学乐器。音乐是一个人拥有丰富心灵的重要元素，一个从小受过系统古典音乐训练的孩子，和一个听着流行歌曲长大的孩子，对音乐的感受是不同的。所以，孩子必须学一种乐器。而一旦学乐器，就必须付出时间，“一万小时定律”不一定万能，但放在学琴上是铁律。

比如，阅读。阅读带给人的愉悦和心灵滋养是巨大的，而阅读习惯和阅读能力的培养也是要靠时间累积的。这些必须在小学阶段打下基础，到了初高中学业更重时，就更没有时间了。

还有更重要的。孩子的业余时间里，必须要留出玩的时间，旅游、看电影、看演出的时间，跟家人、长辈、朋友聚会的时间，做志愿服务、承担班级事务的时间。所有这些事，都在拓展着孩子的视野，带他去领略一个更大的世界，让他从小就有一个开阔的心胸。

这么算下来，留给孩子学习的时间真的不能再多了。而我的孩子恰恰不是天才和学霸，不能在有限的时间内高效完成学业。

终于，在小安小学四年级的某一天，我想通了：孩子的自信只能靠分数来建立吗？不优秀又如何？人人向往成功，可成功的标准不只用分数来衡量。更何况，我们对孩子的终极期盼不是幸福与快乐吗？优秀并不直接通往所谓的成功，而且这成功与幸福之间也并不相等。

于是，我接受了有一个平凡孩子的事实，做了一个连我自己都不坚定的选择。

# 还要赢在后半程

经过对小安上大学后几年里的观察，我觉得她基本上实现了我的设想。她仍旧不是个完美的孩子，还是会遇到很多学习上和心理上的困扰。欣慰的是，她的生活态度积极，学习的用功程度甚至比高考前还要高，对求知的兴趣和热情更是一天高过一天。

这一结果又同时证明了小安纵然不是天才，但至少不是笨小孩。

拿分数来说，小安一年级考 80 多分，同样是一个孩子的正常状态，孩子丢三落四不是很正常吗？只是因为其他孩子在上学前已经基本上把小学一年级的课都学完了，也被老师严格要求过了，才会出现整齐划一的满分。老师的教学不是从零开始的，想从零开始的小安自然就被落下了。

也就是说，不是小安跑得不够快，而是“赢在起跑线上”的想法让大多数家长都选择了让孩子抢跑。

“起跑线”的比喻还真是恰当。一场漫长的马拉松比赛，谁会在乎有人抢跑呢？反倒是那些一直顶着风跑在前面的选手，在前半程耗尽了体力，最后让那些跟在后面始终不疾不缓、保持节奏的人占到了便宜。在比赛之前，合理分配好体力；在比赛中间保持定力，不被其他选手带节奏；在冲刺阶段，以充沛的体能全力以赴，才是跑赢马拉松之道。

这是一场很悲哀的比赛，不仅用一个“笨”字击垮了多少像小安这样不抢跑的孩子，也让众多与小安智商相似的孩子在学霸的假象之下身心俱疲。“伤仲永”的故事我们见得还少吗？真正天才的“仲永”们尚且如此，那些平凡却被包装成“仲永”的孩子只会伤得更深。多少孩子赢了起跑线，却输了后半程。

所以，当“起跑线思维”已经证明了它的恶果，就该是我们建立“后半程思维”的时候了。

那些为了自己的“面子”而不惜给孩子“打鸡血”的父母，不妨读读鲁迅先生的《我们现在怎样做父亲》。鲁迅说：“只能先从觉醒的人开手，各自解放了自己的孩子。自己背着因袭的重担，肩住了黑暗的闸门，放他们到宽阔光明的地方去；此后幸福的度日，合理的做人。”

鲁迅先生还有句更有名的话：救救孩子……

*chapter 2*

# 数学里的坑

在小安成长的道路上，经历了很多的摔打，

她适应困难的能力也会强一些。

心理成熟稳定，或许才是最根本的原因。

# 追求准确率，如同推巨石

小学一年级，小安的数学期末考试是 88 分，全班倒数第二名。当时的试卷没有孩子们现在做的这么难，只是 50 道 100 以内的加减法，小安错了 6 道题，而班上有一半的孩子是满分。

老师说，准确率是检验孩子是否认真的标准。而认真是一种习惯，小时候没养成这种习惯，长大了就会遇事不认真，又谈何成功？

于是，准确率就成了我和小安共同的梦魇。

小安曾经努力过一个多月，每天晚上她要花大把的时间来提高准确率，就是反复做 20 以内的加减法题目，同样一道题，在这张试卷上能做对，再做一遍又错了，就没有一口气把 50 道题全做对的时候。我也曾经想过无数的办法让她更“认真”，不论是精神鼓励还是物质奖励都用过，可完全没用。小安的注意力持续的时间太短了，做 10 道题，她可以保证不错，题一多，后面就全是红叉。

之后，我就放弃了。也曾经纠结过，或许再坚持一下，她就会养成认真的习惯了？但看到孩子为此花了太多宝贵的时间，却被“准确率”这三个字弄得自信全无，就决定还是算了。

不过，细一琢磨，老师的逻辑有漏洞啊。小时候不认真，就会永远不认真？永远的事谁敢说呢？再说了，不是只靠认真就能正确，面对解不开的难题，光有认真是不够的。我们不能只把时间花在认真上吧，在培养解决难题的能力上下功夫是不是也很重要呢？

我也不是当时就想得这么清楚的，多少也有赌的成分，但至少在小安身上我是赌对了：小安在小学阶段，准确率始终很低，初中时略有提升，但老师们给出的评语始终是“基础不扎实，计算能力差”。可到了高中之后，这就不是个问题了，因为高中阶段反倒不需要大量复杂的基本运算了。

# 补还是不补，这是个问题

我一直在说没有给小安补课，其实也不是完全不补，但教训比较惨痛。上初中之后，小安没有迎来我期待中的“开窍”，我多少还是有点急的。

那时候小安已经是初三了，我越来越像那些苦大仇深的“别人家的妈妈”了，小安主动说：“妈妈，还是给我找个老师吧。”于是我到底还是把小安送去了补习学校。

我们选择的是一对一的方式，原因是不想让孩子在比较中感觉到压力，失去自信。还有一个考虑，如果跟班学，老师只能解决普遍性的问题，针对性会差。我也没有去找所谓的名师，一是觉得小安需要的不是锦上添花的提高，而是提供个性化的解决方案，只要老师用心，就能发现她的问题，有针对性地练习就行了，杀鸡焉用牛刀；二是出于我多少有些放弃的心理，孩子或许就不是学数学的料，找了也白找；当然了，还有第三点，就是钱的问题，一个小时的课就要花数百元甚至一两千元，我心疼啊。

我给小安选的一对一的老师，是培训机构里价位最低的一档，与其说是选，不如说是随机分配。这种补课，其实更像是为小安找了个在周末的时候陪着她写数学作业的人。

我从来没对老师提出过什么量化指标，再加上是一对一，没有其他同学做比较，所以这课补了又好像没补，完全看不出效果，小安的中考成绩还是数学最差。

对补课这事，小安比我更上心。上了高中以后，她自己制订了一个补课计划。之前的老师是培训机构随机分配的，老师生孩子了，要换；老师辞职了，再换。这一次，小安自己选了位老师。她在这家机构进进出出快一年，成绩没有多大提高，人头却熟得很，有时候连午饭、晚饭都是跟老师一起点外卖。在这个过程中，她对每个老师的了解比我们做家长的还深入。她选的这位老师，是个刚刚毕业一两年的年轻人。小安说，经过她的观察，这个老师没结婚，没有女朋友，家在外地，全部心思都花在学生身上，虽然年轻，但比机构里很多所谓的名师都要好。

居然就对了路。高二上学期期末，小安的数学成绩从高一上学期的 80 多分（总分 150 分），一下子跃升到 146 分，考了个全班第一。在此之后，她的数学成绩就一直保持在 130 分以上。

# 成功不求早，失败要趁早

在一年时间里，实现了从 80 多分到 140 多分的跨越，小安的数学奇迹究竟是怎么创造出来的呢？这个年轻的补习老师有什么绝招呢？

小安事后复盘时始终很清醒地说，自己不是有数学天赋的人，“开天眼”之类的神迹从未出现过，北大的韦神（韦东奕）高考 150 分，因为试卷上只有 150 分，而她的 140 分不过是一个平凡高中生能达到的极限了。她的所谓开窍只是找到了一种适合自己的学习方法而已。

小安说，补习老师并没教给她什么学习的诀窍，不过是制订了一个从零开始循序渐进的长期计划。而她之所以能够认真执行这个计划，是因为自己的心态放松了，计划是她主动要求老师制订的。用她的话说，就是“认命了”，经历了这么多年数学不好的挫折以后，她彻底承认了自己就是个没有天赋的笨小孩，反倒就不着急了。于是她一道题一道题地做，一点一点地积累。不管是难题还是自己已经会了的，她都要整整齐齐地列出算式，把每一步都写清楚。说到底，看起来突飞猛进的提高不过是一个量的积累罢了。

结论就是，与其说小安遇到了一位“扫地僧”，倒不如说是她找到了自己。如果一个孩子真正想明白了自己要怎样做，似乎也并不需要补习老师了，学校里的老师同样可以制订这样的学习计划，关键在于孩子能不能咬牙坚持下来。

这个答案听上去实在过于平常和陈旧，反复练习不就是刷题吗？所有的孩子都可以啊！为什么别人不行呢？

小安说，那是因为没有几个人有这样的心态，大家都在找高效刷题的方法，都在找诀窍，越想走捷径，心态越急啊。

于是，关于数学的探讨又回到了“心态”这个老生常谈却非常重要的话题上。不少到了高中遇到学习困难的孩子会在重压之下崩盘，此前越是一路顺利，崩盘的可能性越大。而小安在成长的道路上，经历了很多的摔打，她适应困难的能力也会强一些。心理成熟稳定，或许才是最根本的原因。

这么说起来，就不是“出名要趁早”“成功要趁早”，而是“失败要趁早”。

*chapter 3*

# 语文要做无用功

汉语言文学既美妙又神奇。

学语文本应该是件无比美好的事，

可在众多学生眼中，它却是枯燥的、乏味的，甚至狰狞的。

很心疼语文被这样妖魔化，

更心疼那些被应试教育伤了胃口的孩子。

# 古典诗词，可以这么讲

我有几个老同学，孩子差不多大，当时都在上小学。有一天聚会，大家纷纷抱怨补课太费钱。有人突发奇想，说要不我们别把钱浪费在补课班了，搞一个互助式的培训班吧，咱们发挥各自特长，谁能教啥就教啥。不仅不花钱，孩子们的学校离得还挺近，一两个人就把孩子们都接走了，有放心的人照看，也不用咱成天在旁边盯着了。

这个提议得到了家长们的一致响应。有学英语的，说可以上英语课；有个物理学博士，正在跟儿子弄计算机编程、机器人，说可以开一门编程课；还有人说，他没本事教课，但有时间，就负责提供场地和车接车送吧；我说，我是学古代文学的，那我就讲古文吧。

于是这班还真就开起来了。五六个孩子，今天上英语，明天讲数学，弄得挺热闹。

轮到我讲了。我认真地备课，讲得特别嗨，孩子们听得也很开心。

第一天讲的是古诗词，我把当天的讲义摘几段，让大家感受一下：

同学们是不是都不愿意背古诗、背古文啊？为什么呢？是不是觉得没意思，听不懂？其实古人也跟我们一样，不是整天一本正经的。古文里也有很多有意思的小段子，给你们讲几个。

你们听说过打油诗吧？就像咱们今天说的顺口溜。为啥叫打油诗呢？是因为有一个特别爱写这类诗的人，他的名字就叫张打油。他怎么作诗呢？比如写下雪，大诗人会怎么写？大家一定背过，“千山鸟飞绝，万径人踪灭。孤舟蓑笠翁，独钓寒江雪。”张打油是怎么写的呢？“江上一笼统，井上黑窟窿。黄狗身上白，白狗身上肿。”是不是很形象？

台下同学都笑了。

再说个大文豪苏东坡的段子。苏东坡，也叫苏轼，大家都背过他的诗词，“明月几时有，把酒问青天”“大江东去，浪淘尽，千古风流人物”……苏轼特别聪明，嘴还特别损，经常作诗讽刺这个、挖苦那个，连他妹妹都不放过，他给她妹妹写诗嘲笑她的“大奔儿头”：“未出房门三五步，额头先到画堂前。”他妹也不示弱，马上回诗嘲笑他哥脸长：“去年一滴相思泪，至今流不到腮边。”

这几句诗实在太好懂了，学生们拍着桌子大笑。

苏轼有一天又叫别人给怼了。苏轼在江苏做官的时候，交了一个朋友，是个高僧，叫佛印。佛印在金山寺出家，与苏轼的官衙隔着一条江，苏轼就经常乘着小船过江去和佛印谈佛论道。有一天，苏轼坐在官衙里，突然来了灵感，作了这样一首诗："稽首天中天，毫光照大千。八风吹不动，端坐紫金莲。"大概意思是说，我是个很有思想、很有定力的人，不管多大的风，都吹不倒我。他觉得写得很好，就让书童把这首诗送给与他一江之隔的佛印。佛印接过诗一看，微微一笑，在诗上写了两个字："放屁"。

书童回去，把佛印的回复拿给苏轼看，苏轼气坏了，马上坐着船跑到金山寺找佛印理论："诗好不好的且不说，你怎么能骂人呢？"佛印又微微一笑，在纸上加了两句："八风吹不动，一屁过江来。"你不是说"八风吹不动"吗？怎么我就写了"放屁"两个字，你就乖乖地跑来了？

屎尿屁是笑话最常用的梗，孩子们再次哄堂大笑。

下课之后，我讲的这些段子，孩子们几乎都能背下来了，他们互相打闹，这个指着那个说"白狗身上肿"，那个就立刻反击："一屁过江来！"

# 快乐语文，家长不开心

第二周的“自助课外班”，盛况空前。上周听完课，孩子们回家后都说我讲得好。家长们很好奇，也都跟来听课了。

第二课讲的是文言文，再贴一段讲义：

在古代，纸张是很贵的，印刷业也不发达，所以大家都尽量省纸，把文章写得很简短。我给大家读一篇小短文，这是一篇墓志铭，有点像我们今天给去世的人写的悼词，把这个人一生的事迹简要总结一下。你们听听他是怎么写的：“吾表兄，年四十余。始从文，连考三年而不中。遂习武，练武场上发一矢，中鼓吏，逐之出。改学医，自撰一良方，服之，卒。”

翻译一下：我的表哥某某某，四十多岁。从小就学写文章，去参加考试，考了三年都落榜了。于是他就弃文学武了。学武也有考试的，古人练武，最重要的一项就是射箭，他到了比武场上，一箭射出去，没射中靶子，却把旁边敲鼓的小兵给射倒了。那肯定是又落榜了，怎么办？再换一样吧，学医。学了一阵，突然有一天，生了个小病，他自己给自己开了个药方，结果怎么样——

听讲的孩子异口同声地说：“死了！”他们全听懂了。

可孩子们听得开心没用，家长们的反应一律都是：哪能这么讲，这不把孩子带歪了？

这个互助补课小组很快就无疾而终，倒是我那个教编程的朋友，后来还真把这件事当成了主业，开了个专教编程和计算机的小课，生意做得风生水起。这是后话。

再回到语文学习上。很多家长想的是，让孩子补课是为了有用，就算你可以讲这些趣事，可怎么也得总结点中心思想、学习技巧啥的吧。孩子上完课，除了觉得古文好玩，会讲一些段子以外，有什么是能用到考试上的？追求有意思还是有用，恰恰是我和其他家长在孩子语文学习上最大的分歧。我这样讲古文，是希望孩子们觉得这是个有意思的事，热爱可抵岁月漫长，不喜欢的事勉强做，肯定坚持不了多久。大家觉得我讲的没有用，可我觉得他们那些追求所谓“有用”的做法不仅无效，还让孩子浪费了大量时间，更是无用功。

当然了，可能“无用”这个说法不准确。在教育领域，但凡一种站得住脚的学习方法都自有其可取之处，高水平的老师可能不必像我这样靠“打油诗”和“屎尿屁”来调动孩子的兴趣，我的做法也有矫枉过正之嫌。

或许我们更要识别的是哪一种方法更适合自己的孩子，并且对孩子的长远发展和整体发展有好处。至少对于小安这类“牵着不走，打着倒退”的孩子来说，不如把缰绳放松点，让孩子自己跑起来。

# 经典诵读，孩子伤胃口

本篇听上去会有点不合潮流，所以事先声明，以下观点纯属只针对我家小安而言。

虽然我是学古代文学的，但在小安的语文学习中，我果断地让她避开了一个“无用功”——背诵国学经典。

有不少国学班提倡在孩子少儿时期开始读经，还有个所谓“最佳记忆年龄”的理论，大概意思就是大人记东西是先理解后记忆，而幼儿是先记忆后理解，12 岁以前是一个人的黄金记忆年龄，先背下这些经典，不用弄懂到底讲的是什么意思，长大了慢慢就理解了。

听起来有些道理，所谓“书读百遍其义自见”，古人从小不都是这么读私塾的吗？我们也是这样，能够完整背诵下来的古文和诗词，大都是在青少年时期学的，我 18 岁以后读的东西很难再背全了。

可问题就在于，我们今天还需要把古文背得一字不差吗？只为了考试中背诵和默写得满分？这样的满分又意义何在呢？互联网时代，所有东西只要在我们的记忆库里留下过痕迹就可以了，想要拿出来用，查询一下就行了。

只有中小学生会考古文的背诵默写，而在孩子以后的漫长人生中，大部分时间遇到的都是“开卷考”，知道个大概就可以上网去搜了，所以，强迫孩子们背古文，某种程度上等于是让孩子花了大量宝贵的时间去练了一项没太大用处的技巧。

也有人说“腹有诗书气自华”，学国学经典可以从小让孩子体会到中国传统文化之美，培养一种儒雅的气质。这也是一句似是而非的话，这句本是苏轼的原创，但在苏轼的时代，“诗书”可是一个读书人所能涉猎的全部，而今天可不止这些了，不是只有读古文才能培养气质的。

我小时候也是“别人家的孩子”，二三岁的时候，家里每次来客人，我都会被拉出来当众背诵，然后听客人们啧啧赞叹，让全家大人们脸上有光。我倒不像别的孩子一样怯生或者背不下来，自尊和自信受到双重打击，但外人的赞美培养出来的不是我对中国语言文字的热爱，而是一种站在舞台中央的虚荣心。这一点更可怕，“我是个天才”的虚荣心，让我总觉得可以靠小聪明打赢每一场战斗，事事浅尝辄止，此后的几十年间，它一直是我努力去克服的大敌。

每当看到孩子们像老学究一样摇头晃脑地背《三字经》《百家姓》（高级一点的国学班还会配上舒缓的古琴古筝曲，让家长更觉得物有所值），我多少都会有些心疼孩子，并且想到我的惨痛经历。

还有一点更重要的是，孩子的时间是有限的，他们将大量时间花在背诵上，一定会减少阅读其他作品的时间。我更希望像我给孩子们上课时那样，让他们觉得中国的古代历史、古代文学是有趣的，是充满了生活气息的。保有这份热情，在他们真正想要去深入学习的时候再去学，效果才是最好的。

我们期待着未来有一天他们会发现这些经典中的真谛，殊不知孩子已经在不明所以的背诵中大伤胃口。优美的国乐、优雅的古文，变成了他们脑海中必须攻克的山头，很多孩子从此与古文结下了仇。

# 少年天才，不值得效仿

媒体上经常有少年天才出现。

2020 年浙江高考中就出现了一篇满分的神级作文，让人惊呼又一个天才出现了。这篇《生活在树上》，最大的特点是充满了大量古奥的词语和典故，足以看出作者深厚的古文功底。先引用几段让大家感受一下：

现代社会以海德格尔的一句“一切实践传统都已经瓦解完了”为嚆矢。滥觞于家庭与社会传统的期望正失去它们的借鉴意义。但面对看似无垠的未来天空，我想循卡尔维诺“树上的男爵”的生活好过过早地振翮。

我们怀揣热忱的灵魂天然被赋予对超越性的追求，不屑于古旧坐标的约束，钟情于在别处的芬芳。但当这种期望流于对过去观念不假思索的批判，乃至走向虚无与达达主义时，便值得警惕了。与秩序的落差、错位向来不能为越矩的行为张本。而纵然我们已有翔实的蓝图，仍不能自持已在浪潮之巅立下了自己的沉锚。

“我的生活故事始终内嵌在那些我由之获得自身身份共同体的故事之中。”麦金太尔之言可谓切中了肯綮。人的社会性是不可祓除的，而我们欲上青云也无时无刻不在因风借力。社会与家庭暂且被我们把握为一个薄脊的符号客体，一定程度上是因为我们尚缺乏体验与阅历去支撑自己的认知。而这种偏见的傲慢更远在知性的傲慢之上。

我统计了一下，这篇不算标题只有 977 个字的文章中，竟有“嚆矢”“孜孜矻矻”“婞直”“振翮”“薄脊”“一觇”等十余个词是我咬不准字音或者说不出准确意思的，至于每个字都认识却理解不了的句子更多！作为中国古代文学专业的研究生，我觉得自己很对不起老师。

设想一下，许多年后的人们如果还能看到这篇作文，会不会以此作为样本来评判我们这个时代的语文水平？会不会像我们读一两千年前的文章一样，查着《说文解字》和《辞源》，带着崇敬之情，一个字一个字去分析文章的微言大义？

阅卷者之所以会给满分，想必是文章里那些“不明觉厉”的词汇对他产生了强烈的冲击。我也相信这位考生一定有着厚实的古文修养，或许未来真会卓然成为大家。但如果把这作为范本，让孩子们去效仿却很危险。首先是能力上的不足，其次是学习时间的不足，这些客观条件，让孩子们对这个遥不可及的目标心生恐惧并由此信心崩掉。

# 第一要务，把事说清楚

还有一个我以为的语文学习无用功，就是所谓的“好词佳句学习法”。这个名字是我起的，也是大量给孩子讲授如何写好作文的训练都在用的。

作文是很多孩子语文学习最大的困难，孩子不爱写，家长很苦恼，于是就有人总结出高分作文的诀窍：一个是读范文，另一个就是背“好词佳句”。我曾经去观摩过一堂社会上所谓名师的语文课，对“名师”的忽悠能力大为叹服，同时觉得他特别像动画片里的小叮当。他把作文里可能用到的场景逐一归类，把那些名言警句和诗词名篇一一对应进去，无论说到哪一个话题，立刻就能从怀里掏出一大堆“好词佳句”来。

孩子背完好词佳句就会写作文了吗？我始终认为，先把一件事情说清楚，才是作文训练的第一要务。孩子们写作文，训练的是文字表达能力，这种能力一生都有用。他即使不会做一个专业的文字工作者，也要经常和文字打交道。写公文、写文书、写项目方案、工作总结、个人心得，都是作文，这时候用上的不是那些“好词佳句”，而是在中小学阶段就应该完成的基本文字表达能力——逻辑通顺、表述准确、语言流畅。

“好词佳句作文法”的恶果无处不在。我们在网上看到的段子手，常有惊人之语，一个比一个厉害。可让他们把观点构思成篇，就力道全无了。

作为一个文字工作者，我最痛苦的事就是面对那些达不到高中水平的文字。那些在朋友圈里感情充沛、表达俏皮的人，一旦让他们写记叙文、写议论文，往往杂乱无章，一大堆逻辑混乱、不明所以的文字之后，时不时跑出一段不合时宜的抒情，一两句特别高大上也特别突兀的名言警句，常常让我有听别人唱歌跑调的感觉。这都是读书时“好词佳句”背多了的后遗症吧。

# 阅读培养，从兴趣开始

有些家长之所以让孩子花大力气去背诵好词佳句，不是觉得这事会让孩子终身受益。他们常常会说："不管将来怎么样，先要考上大学啊。"不背好词佳句，作文就得不了高分，就算只是敲门砖，也先捡在手里再说。

但我从小安语文学习的经验中却可以很确定地说，不用这些方法，也可以得高分。

小安的高考语文成绩是124分，算是不错的分数了。很多家长因此会来问我学好语文的秘诀，我的回答永远只有两个字：阅读。

磕磕绊绊地上了二年级，小安总算认识一些字了，也对看书有了兴趣。当然了，这个时候，别的孩子已经能读一些带拼音的故事书了，而她还只能看文字简单的图画书。

事后回忆起来，可能转折点就在这个时候。

那时，小安迷上了一套叫作《冒险小虎队》系列的图书，大概是解谜和探案的主题，每本书里还夹着一张解密卡，说不清她是在看书还是在做游戏。一本书十几块钱，十几分钟就能读完。我们每周去看电影，在放映前等待的时间里，会去影院隔壁的书店买上两本。这样的书看过一次也就没什么用了，钱花得挺心疼。但图画书就图画书吧，从来都坐不住的小安终于可以认真读书了，多么不容易啊。总归开卷有益。

到小安二年级结束时，我发现这样的阅读至少有三个好处：一是她阅读的速度越来越快了；二是她的阅读兴趣确实提高了；三是她读得多了，对文字自然有了一种辨别能力，对书的内容也有了进一步的要求。

《冒险小虎队》之后，小安又陆续爱上过很多儿童文学作家的作品。有一次，一位她正在读的作品的作者来沈阳签名售书，我托一个参加活动的同事拿到了一本作家签名版。小安激动得眼泪都出来了。在这些作家中，她最喜欢的是郑渊洁的作品，她太喜欢皮皮鲁和鲁西西了，跟着他们一起哭、一起笑。

读这些儿童文学占用了小安大量的业余时间，除了每天例行的一小时练琴，时有时无的作业（她甚至有半学期没写数学作业），每天晚上阅读的时间至少一个小时，有时会读到深夜。

没有国学经典，没有世界名著，就是儿童文学作品。她的阅读速度越来越快，涉猎的内容也越来越广。所有阅读书目都是由她自己决定的，从那些我们觉得很一般的作品开始，她一步步升级，从中国儿童文学，到外国儿童文学，小学六年级的时候，她已经读完了全套《哈利·波特》和阿西莫夫的“基地三部曲”，上了初中又开始读《三体》《大秦帝国》，经典文学名著也开始进入了她的书单。

当然了，不是所有孩子都喜欢文学，我也见过一些男孩子，更喜欢读《昆虫记》这样的自然科学书籍，同样也是很好的。但有一点相同的是，一定都是从最简单的读物开始，一上来就让孩子读经典，往往适得其反。

# 提升能力，必须花时间

我之所以会一直鼓励孩子读文学，一是这本来就是她的兴趣所在，二是文学作品确实对孩子有全方位的提升，作家的文字水平通常要比一般社会科学和自然科学领域的作者更好些。读文学作品可以让她领略文字之美，培养文学想象力，丰富情感，同时，文学作品里所涉及的知识是包罗万象的，对她的知识面也是一个拓展。

阅读能力的培养必须付出时间成本，是我一直比较相信的一个理论。阅读是所有精神消费中最便宜同时又是最昂贵的一项，买一本书的价钱远远低于看电影、看舞台剧的价钱。但是，阅读优秀作品的能力是需要训练的，这种训练一是必须从小开始，二是必须靠时间来积累。这并不像很多家长想象的那样，孩子只要识字就可以读书，中小学阶段没时间读，等长大了有时间再补上。小安阅读能力的提升是一个阶梯式递进的过程，一个人不可能从小时候读童话书的基础一步就跳到读专业书籍上去。

有一个例子。小安从小是由我的远房表姐带大的，表姐因为家境不好，初中没毕业就进了工厂做工。她说自己小时候很喜欢读小说，听说我们单位有一个阅览室，就让我帮她借书读，我把阅览室里所有的言情小说都借了一遍，都是她那个时候的热门女作家写的。她很爱读，有时一看就是半宿。可言情小说读完了，再借其他书，她就兴致索然了，当下流行的那些大热的网络小说，她看不下去，金庸的武侠小说她也读着费劲，更不用说那些经典文学名著了。

表姐的阅读能力永远停滞在那个层次和她的时代，她再喜欢阅读，也只能在低水平徘徊。

我有机会跟著名作家麦家聊过一次，他就说：阅读文学作品需要技巧，这些技巧是被大量的阅读经验给训练出来的。文学作品中有很多象征意义和符号性的东西，比如写到一把雨伞，可能就意味着一段邂逅即将发生，出现了一只绣花鞋，可能跟一段奸情有关，读者有过大量阅读相似情节的体验才能产生共鸣。如果在青少年时期没有这样的阅读训练，到了成年阶段再去试图欣赏文学作品就很困难了。

至于历史、哲学等人文书籍，就更是需要循序渐进、由浅入深的过程了。

# 读是王道，成绩不重要

我经常把“阅读必须付出时间成本”的理论跟其他家长们交流，可他们并不买账，他们总会这么问：孩子很爱看书，可成绩还是不好啊？

这其实也是小安学语文的过程中一直带给我的困惑。到小学四年级的时候，小安的阅读量已经远远超过班里的大部分同学了，老师也总夸她对语文课文的理解力和想象力是其他同学无法相比的。可这些并没有转化成考试成绩。她的拼音依然不过关，写汉字和默写课文也常有错漏。哪怕是作文，她的分也不高。她自认为读书多，完全不按老师的要求写，也没受过“好词佳句”的训练，所以作文总是东一句西一句，不成规矩。

上了初中，她的语文成绩一直处于中等水平，她自己也很苦恼。

我从来没有关注过她的语文，因为她更差的理科成绩才是我最大的担心，总觉得她读了那么多作品，平时写的课外的小文章文采很不错，语文分数应该不会太低。

快中考了，我才意识到她的语文还有这么多问题。我用了一个晚上，把她所有的语文试卷都看了一遍，最后总结出几条：

一是基础知识部分十分薄弱，但现记现背肯定是来不及了，不如索性放掉不管了；

二是阅读理解不得分的原因，不是她读不懂，恰恰是因为她的阅读量大、视野宽，任何一个简单的问题，她都会比别人多想几层，离标准答案反倒远了，就像网上经常有人吐槽的大作家答不了中学生的阅读理解题一样。所以我要求她，看到题目别多想，也别去猜出题者想要你答什么，把首先想到的念头用最直接的语句写下来就行。

三是作文得不到高分，同样是被她自以为不错的文字表达能力拖累了。她总想写出一个不一样的开头，用一些更复杂的结构，甚至形式上还玩点花活儿，这儿弄个“题记”，那儿整个“致敬”，明明可以简单一两句话就能说明白的事，非要兜好大一个圈子，阅卷老师哪有时间去细品其中的滋味？判卷都找不到采分点。所以我就给她提了两点最基本也最简单的要求：第一，把字一笔一画写清楚，包括标点符号；第二，中考大多是记叙文，上来就很平实地说，我要写个什么事，然后一步一步把事说清楚就行，千万别整花活儿。

就是这样简单的要求，居然很有效，小安的中考语文成绩至少说得过去。

也因为这件事，我得到了一个经验，只要孩子的基本能力在，答题技巧很好掌握。但如果基础不行，光靠答题技巧、光靠好词佳句肯定不行。

特别是到了高中，开始写议论文了，孩子们作文的差距就更大了。议论文可不只是简单的几句评论，而是需要一个论证的过程，如果孩子没有大量阅读做基础，没有足够多的论据可以信手拈来，光靠堆“好词佳句”是没有说服力的，更不要说写出逻辑严密、层层递进的观点了。

“数学学不好，那是学早了”，后面还有一句，“语文学不好，那是学晚了”，同样是至理名言。苦恼孩子语文学不好的，大多是高中生家长，因为只有到这个时候，语文成绩才会拉开一个较大的档次。看着这些苦恼的家长，我总是很不忍心告诉他们，这个时候已经晚了。尤其是在如今的高考越来越重视能力考察的趋势之下，到高中再抓语文真的来不及，抄优秀作文选、背好词佳句，这些速成法并不奏效。

# 亲子阅读，各读各的书

我还想跟那些孩子尚在幼年时期的家长说几句关于阅读的事。

我看到某省级图书馆公布的一个年度阅读大数据，“80后”读者的借阅量是所有年龄段里最大的。为什么“80后”比“70后”“60后”更愿意读纸质书呢？一想就能明白，他们的书是给孩子借的。

说到少儿阅读，我们总会想到那些唯美又温馨的照片：面对一本打开的图画书，母亲指着书上的文字循循善诱，孩子在一旁露出欢喜的表情。这就是这些年非常流行也是很多年轻父母在身体力行的“亲子阅读”。

年轻的家长舍得把自己的业余时间花在陪孩子读书上，值得赞赏。我想问的是，亲子阅读时，父母和孩子一定要读同一本书吗？

亲子阅读的理论认为，读同一本书，可以引导孩子更好也更快地理解书中的内容，也能增进亲子感情。但以我的经验看，这可能只适合三四岁之前的孩子。哪怕是幼儿园的孩子，不认识几个字，都可以基本上理解一个绘本的故事了，现在的绘本非常精美生动，完全可以让孩子独立阅读。

很多家长觉得自己的伴读会让孩子理解得更准确更深入，可阅读理解能力的培养并不像上语文课那样必须把一篇文章的所有知识点都吃透，它是一个循序渐进并由时间来累积的过程，孩子读得多了，自然就想得多了，理解得深了。甚至我还看到过相反的例子，由于家长引导不当，总想叫孩子回答出正确答案来，反倒限制了孩子的想象力。

这样做还有一个更为严重的后果，父母总是陪孩子读他们的书，会让孩子产生一个印象：阅读就是小孩的事，只要当了大人、当了父母，就可以不再读书了。于是，兴趣变成了任务，变成了功课，变成了负担，阅读最终被列入“长大了就不用再做”的“讨厌黑名单”。

如果父母亲从伴读中脱出身来，把这段共同的阅读时间花在读自己需要读、喜欢读的书上，又会如何呢？年轻的父母大多处在事业的奋斗期、上升期，正是需要充电的时候，这样的共读多少会缓解“事业、家庭不能兼顾”的焦虑吧。

很多父母，尤其是女性，在有了孩子以后，万事皆休，一切围着孩子转。殊不知，这样反而会让孩子产生离心力，他不仅要为了自己，还要承载母亲未做完的事。

做一个终身阅读、终生努力的人，这样的示范会让孩子知道，奋斗是人一辈子都要做的事，阅读是可以伴随终身的爱好。

*chapter 4*

# 作文从码字开始

写作是需要一定的天赋的。

优秀的作家确实有过人的观察力和感受力，

很平常的事在他们眼中都有别样的风景。

可这样的人少之又少，也学不来。

孩子通过阅读和写作训练，

达到能把一件事说清楚的程度，也就够了。

# 不优秀的作文集

孩子的写作训练最大的障碍来自他们内心的抵触，很少有孩子听到老师布置作文时很开心。每次提起笔来，他们最大的问题永远都是：写啥呀，有什么可写的？

好的老师会调动学生和家长去做一些有助于提高作文水平的事，比如让孩子多读书，让家长多带孩子去见世面，旅游、看电影、看剧……都是有效的方法，但又似乎没那么有效。一旦下笔，孩子最关注的一件事还是怎么把老师要求的那些字码够。

我家小安也是这样。

在小安小学毕业前，班主任老师提了个建议，家长可以把孩子小学阶段的作文装订成册，作文和平时的日记、周记写得多的孩子，可以单独出一本，少一些的可以两个或多个同学弄个合集，算是给他们的小学生涯留个纪念吧。

我给小安做了一本。她的作文之所以能单独成册，有我一份功劳，我把她从小学一年级起写的所有作文都录到了电脑里，积少成多，足够编一本集子。

这本所谓的作品集，不是优秀作文选，甚至其中有很多被老师批为不合格或要发回去重写的。之所以要装订成册做成书，目的也不是炫耀，而是纪念。

纪念一个孩子写作的历程。从最初的只言片语、勉强成句，到最后的“长篇大论”甚至有理有据，是个非常艰难的过程。

纪念一个孩子心智成长的历程。特别是当孩子处于一个急功近利的环境，处于应试教育的大背景之下，她怎样看待世界、看待自己，她在文中写了什么、怎样写，值得一看。

纪念一个孩子纯真的童年。我其实更喜欢那些并没有得高分的作文，孩子胡乱发表的议论，往往都是“傻话”、笑话，也是真话。当你看到这样的话从一年级到六年级越来越少的时候，你就知道，孩子的童年正在远去。

这个方法特别推荐给年轻的家长，我们现在可以很方便地把孩子成长的影像存储在手机里，而孩子的文字是他们内心成长的影像，同样值得好好记录下来。不管当时他们是有多不情愿去完成这些作文作业，也不管当中有多少胡言乱语，这些作文都是他们当下心态的真实记录。

好几次，小安读着自己的作品集，也会自嘲说：“我当时可真敢编啊。”可就算是瞎编的，孩子的瞎话里也充满了童真童趣。

那就是他们青春成长的证明。

# 码够字数不容易

通过小安的“不优秀作文集”回顾孩子写作文的过程，会很清晰地看到她从200个字都写不满，到最后轻松就可以写到八九百字，最后甚至要写小说了，码字的篇幅一步步变长。

原封不动地引用几篇，没有炫耀之意，就想让大家看看一个平常的孩子是怎么应付写作并且实现“打怪升级”的。

以下两篇都是小安小学二年级写的。

**《喜羊羊与灰太狼》观后感**

上回我们看完电影走到影院大门口，看见了一张海报，上面写着：

喜羊羊与灰太狼2　1月29日上演

名侦探柯南　1月28日上演

我问：“妈妈，1月29号的时候，我们再一起来看《喜羊羊与灰太狼》好吗？”妈妈有点为难地说：“我不想看你们小孩子看的东西，咱们别看了吧。”

我又说："咱们还是看吧，这样能让我们有更多的办法应对突发事件嘛。"最后，妈妈在我的极力劝说下，终于同意了。

在此之后，我每天都问一遍：今天几号了？

我真希望时间老人不要散步了，改跑步吧，因为时间过得太慢了。

终于，到了1月29日，我催着妈妈去看电影。

可算把妈妈拉到电影院了，我又催着妈妈买票。

买完票，我又催着妈妈买爆米花。妈妈却对我说："买什么爆米花，离开演还有一个小时呢，等开始演的时候你的爆米花都凉了。"

于是我跟着妈妈去吃饭了。

到了开演的时候了。我和妈妈一进门就看见屏幕上人开始唱歌了，我们来得可真巧啊！

看完电影，我总结了一下：

1. 遇到问题要冷静；

2. 要思考；

3. 得了，不要三了。

总之，就是这些。

## 《孔子》观后感

前几天，妈妈对我说："这几天，上映了一部叫《孔子》的电影，咱们去看啊？"我一听，孔子？孔子能有什么好玩的呀？于是我就问妈妈："孔子的电影有什么好玩的呀？"

妈妈回答说："孔子的电影并没有什么好玩的。我之所以想带你去看，就是想让你了解一下我们中国的古文化。”

我一听，啊，原来是要我了解中国的古文化呀。这能行，因为我很希望能了解中国的古文化。

于是，我把小妹叫了过来，问她同不同意。如果她同意的话那我也同意。可是，后来她不同意了。可是在我的权威老妈面前她还是低下了头，最后同意了。

终于到了电影院，我好兴奋哪！可是妈妈却说："我们还不知道开演时间呢，并且还没买票呢。"我没办法，只好跟着妈妈去买票。终于电影开演了，我更兴奋。我用一大堆的问题问了妈妈，妈妈又用了一大堆的不知道来回答我。终于看完了电影，我很感慨地说："孔子演得好难看呀，颜回比较帅。"

最后我总结了一下。

好人：1. 孔子是好人；2. 颜回是好人；3. 子路是好人。（我只记住这三个人。）

坏人：1. 季大夫；2. 南子。（我只记住这两个人。）

老师要求写 400 字的电影观后感，她写成这样肯定是不合格了。虽然孩子一口气码了 400 多字，可跟电影有关系的就最后那两句，前一篇 26 个字，后一篇多点，也不到 100 字。在动笔的那一时刻，她唯一的目的就是怎么把作文纸的格子填满，所以就开始记流水账，直到看到还剩几行就到终点了，才想到自己必须要写几句观后感了。你可以想象一下，当孩子千难万难总算把这 400 字凑上的时候，她肯定是大大地松了一口气。

# 名言警句出现时

在作文训练中,“好词佳句”重磅登场了。作为一个重要得分点,老师们会鼓励学生引用一些名言警句和经典诗词。于是,小安的作文里就出现了这样怪异的一幕:杂乱无章的行文之间,突然就会跳出几句特别赶劲和高大上的话来,而且它们出现的场合总是不太对,读的人会想半天,才缓过神来。

比如下面这个例子。先设想一下,如果让你描述一下庄稼耕种与收获的关系,你会用上什么词?多半会说“种瓜得瓜,种豆得豆”吧?还可以再想几个词。但无论你怎么想,你也不会想到小安接下来要写的这个“俗话说……”

**生豆芽**

上周C老师告诉我们一件让我们很高兴的事情——我们可以自己种豆芽,并且还可以拿回家自己去炒着吃。她还亲自教我们怎么换水。

豆芽一天天地长大，我们一天天地盼望着，终于盼到了第五天。我们小组的一根豆芽的芽已经长到了 9 厘米。

到了星期五的最后一堂课，我们就开始分豆芽了。

俗话说得好：在家靠父母，出门靠朋友。那天，C 老师让我们每个人都带一个袋，把分的豆芽装在袋里。那天我忘记带袋了。我正想不出办法的时候，我的好朋友小 D 对我说："你是不是没带袋啊？"我说："是。"她说："我这里正好有一个多余的袋，给你吧。"于是我就接过那个袋，对她说了声"谢谢"。

那天我分到了很多豆芽。我拿回家，爸爸说："咱们别把它吃了，咱们接着泡吧。"于是我就把那豆芽裹着袋放进一个盆里，按照 C 老师教的方法接着养。

现在我的豆芽的芽已经长到 12 厘米了。

通过这次生豆芽，我知道小蔬菜们的命是多么脆弱。我在养豆芽的过程中把好多豆芽都掰成了两半。

不过我还是很高兴的。

老师肯定已经带着学生们每天观察豆芽的生长过程了，布置作文之前也肯定有很多引导。但孩子在作文里写的还是跟"生豆芽"没什么关系，因为从种豆芽这件简单的小事上让孩子体会到农业生产的艰辛和收获的快乐，实在有点难，更不要说有深刻的感悟了。所以生豆芽变成了分豆芽，分豆芽又变成了借塑料袋，这才是孩子更熟悉的生活。

为了放上一句名言警句，孩子真是尽力了。

# 自选作文更好看

像很多孩子一样，小安写的绝大部分作文都是为了完成作业，敷衍的态度随处可见。但是，有些作业属于“批发”的，老师不一定篇篇都会认真看，比如寒暑假作业，只要篇数够了就行。孩子非常清楚这一点，所以在这样的作文里，她会写得更放松、更随意。但也正是这些“自由发挥”，反倒让人看出了真情实感和趣味。

比如以下这两篇。

**读书笔记：《谁偷走了我的时间》**

这本书的主人公是一个名字很怪的小孩，他叫郭果。

郭果是拐弯小学的学生。

那天他们学校来了一个新老师，名字也很特别，叫于小鱼。

一天，他们学校旁边的一条街上突然出现了很多魔法学校。

这些魔法学校教出来的孩子都变成了小老头儿、小老太太。这是怎么回事？

原来，每个去学校的儿童都会得到一个小闹钟，还会学到一些咒语。

在他们念咒语的时候，他们的青春已经被吸到小闹钟里了。

当他们晚上睡觉起来了之后，就变成了这样。

后来，于小鱼老师带着全班同学去找回了他们的青春。

我总结了一句话：光明永远能战胜黑暗。

虽然只有 200 字，却很有内容。孩子是真的读完了这本书，还看得很有趣味。另一个很重要的原因是，这不是一篇正式的作文，而是老师布置的周记，没有题目和字数限制。想象一下，如果还是要求 400 字的命题作文，那前面一定又是冗长的罗圈话。

下面这篇更加放飞自我。

## 我向妹妹学什么？

我向妹妹学什么？这是我一直在思考的问题之一。

我是姐姐，我该向妹妹学什么呢？

我作为长辈，我该向小辈学什么呢？

经过我很长时间的思考，我觉得我该向妹妹学习：

1. 乖巧，2. 立正，3. 礼貌，4. 很有乖乖女形象。

可是我一看她的优点，有一些我还学不会呢。比如说很有乖乖女形象这个我就学不会。

因为我想当大侠。还有很多很多我学不会的呢。

但是我一想到我有很多优点她也学不会，我心里就好受多了。比如我很活泼开朗，她学不会。可是为什么大人们总说我活泼开朗得过头了？可是他们又说活泼开朗是好事，我真的弄不明白到底是怎么回事。

总而言之，我们俩的优点要是能合到一块儿就好了。

这是一篇因为犯错被家长要求写的检讨书。妹妹一直是“别人家的孩子”，小安素来不服气，但她犯错被抓住了把柄，检讨必须写。每个字都透着不服气，但又因为不想说假话而格外有趣。现在每看一次，我都会想到当年那个小小少年倔强的样子。

# 想象力，最可贵

从三年级起，小安的作文篇幅变长了，内容也充实了，可以看出孩子的阅读积累起作用了。她尤其爱写想象力作文，郑渊洁的影响随处可见，虽然笔力不足，很多地方没有交代清楚，但整个构架是成立的，还很完整有趣。

## 两只青蛙

在一口枯井里，住着一对青蛙兄弟。

一天，哥哥对弟弟兴奋地说："我们在这口井里住了四年了，终于可以重见天日了。"弟弟看着超级兴奋的哥哥，说："你怎么知道的？"哥哥回答说："你就是不太关心外面的世界了。昨天，我听人类说后天就有大雨。等水涨起来，我们跳出去不就得了？"弟弟说："你说得倒好听，你说，人类的话能信吗？"哥哥说："不管是不是真的，咱们都要等一等，万一是真的呢？"

终于，到了第三天，真的天降大雨，哥哥说："人类还是可信的。"

雨水涨到了井口，青蛙兄弟游啊，游啊，游到了井口，他们一起跳出了井口。

这时，哥哥说："你知道那个高高的方方的东西是什么吗？"弟弟摇摇头。哥哥开始解释："那个东西人类叫楼房，里面住着人，那可是人类一块砖一块砖搭起来的。"哥哥说完，就开始得意地笑了起来。

弟弟心里想，哥哥不就是和小鸟说了一会儿话吗？我也要考考他。

于是，弟弟问："你知道那个绿色的东西是什么？"哥哥说："我虽然不知道，但是你也不知道。"弟弟说："大错，我告诉你吧，那是树。"

最后，两兄弟因为意见不一样，分手了。一个向东，一个向西。

弟弟向东跑了一会儿后，就坐在地上哭了起来。这时，在他身后，一双手伸了过来。那双手，把弟弟抱起来，放进了笼子里。弟弟被车运到了宠物店。

而哥哥呢，也被宠物店的老板抓走了。

就这样，兄弟俩在宠物店的一个大笼子里又见面了。

这时，有一个美丽、温柔的小女孩走进了两只青蛙的视线。那个小女孩买走了两只青蛙，放在了车上。

到家后，小女孩把他们放在了桌子上，打开了笼门，把青蛙放了出来。小青蛙迅速跑出了房间，来到了院子里。

这时，他们才发现，那就是青蛙们以前生活过的地方，旁边就是那口枯井。于是，他们钻进了枯井，继续过着属于他们的快乐的生活。

每个孩子都是童话家！

值得注意的一点是，这个时候孩子试卷上的作文仍旧不是高分。但看到她能够写出这样的文字，我又怎能忍心把她规矩起来？这样难得的想象力，不是我们必须认真去呵护的吗？

# 两个世界不一样

小安的“不优秀作文集”虽然不是正式出版物，但为了显得正式隆重一些，我还专门请了一位朋友写序来装点门面。

没有想到，这位我素来尊敬的诗人还真把这本小书读完了，并且产生了很多的感慨。他序言中的话，很值得摘录出来与大家分享：

总有一天你会看到，当你青春年少，热爱读书，乐于思考，孜孜以求，那样的往事，于时过境迁之后在刻板的生意中显示出了一种令人感动的非常有趣的能量，“用处”二字不足以形容这能量的意义，这无用之功比用处更有其用处，每令疲惫之心倍感欣慰。

当代社会在功利性的追逐方面，每令我们印象深刻。我们对许多问题的解决，怀有单一的立竿见影地予以解决的冲动。在这样的思维定式下，读书所具有的功用，在认识上常常令我们摇摆不定。功利性太强的东西与那些日久天长在我们内心潜移默化的东西是有区别的。一生中印象最深的，可以在最后留下美好回忆的，总是那些不经意间——或者是因一次机遇吧，或者是因一次被动的邂逅——深埋于我们内心深处的抹不去的琐碎的往事。孩子，你记不记得童年时，你那样喜欢看没有拼音的《三国演义》？当你又长了几岁，你说：“我看过的书不计其数，有好玩的历史书，有枯燥的文学书，也有神奇的科幻书，但有一套书最让我印象深刻，那就是《哈利·波特》。”好吧，现在你可以说一说那时候你为什么那样喜欢读书了吗？而当时过境迁，忆起童年的往事，你只是笑。那样的阅读已经被证明是有用的吗？不言而喻，非常有用，它开阔了我的视野，激发了我的想象，我想着外面的世界，整天这样想，后来我就真的走进了外面的世界。

你说在你的小书橱里，有一本最喜欢的书，可以用百看不厌来形容的一本书，叫《音乐教师和音乐神童》。你说这本书是在法国作家亚埃勒·哈森的笔下诞生的，是由沈珂、许钧两位翻译家翻译的。你说希望别人听了你的介绍之后也能读一读这本书，体会体会你的感受。你不知道你这样说，到底有多么好。

《我知道奥运会很多事》一文，作于2008年初，其时小安7岁。7岁的她在该文的结尾这样写：

我还喜欢鸟巢，原因有三点：第一点，它是奥运会的主体育场，开幕式就在那里举行；第二点，在鸟巢里的观众，就像是一只只小鸟一样，在天上看很有趣；第三点，听说鸟巢是世界上最难做的一项工程，我很佩服设计鸟巢的建筑师。

直截了当，绝不拖泥带水，这类优秀的文章品质在我们与文字相关的一生中，是随着时间的推移而逐渐消减的，可惜的是，作为成人的我们每每对此认识不足，而常常不知趣地老鸹落在猪身上，一本正经地说着黑呀白的混账话。要重视孩子初写作时这种绝不拖泥带水的优秀品质，并由此将心比心地怀念自己幼时被过早扼杀的类似品质，并由衷地伤感。

因为，我们清楚地知道，待其年龄稍长，去成人世界的距离近了，其独特视角与成人世界的差异也就开始小起来。我们轻描淡写地说，孩子大了。这样说的时候，我们常常会感到些许欣慰。只是那伴随着孩子的成长而无可奈何地失去的那些弥足珍贵的东西，或不经意间被我们忽略了。我们所忽略的，有一件事是较为严重的：极其有可能，并不是孩子因为与成人的认知有距离而必然地显得幼稚，而只是孩子的认知方式与我们成人的认知方式起初是并行的；不是孩子无知，不理解成人的世界，而是成人更加无知，更加不理解孩子的世界。我们与孩子，只是观察世界的方式不一样。

*chapter 5*

# 不高效英语学习法

英语是要拿来用的，而不是高考的必杀技。

而家长们的思维或许还没有转变过来，

很多人还在追求高难度的应试学习法，分数考得高，

日常生活里却张不开嘴，这就有点缘木求鱼了。

# 说得好比考得好更有用

40 多年前，改革开放之初，国门打开，全国上下掀起了学英语的热潮，每个城市里都有大大小小的英语角。可是学得最好的是什么人呢？我记得当时有位从西安回来的长辈很感慨地说："兵马俑遗址路边摆摊的大妈，普通话都说不好，可跟老外讨价还价熟练着呢！"

而我们学校里的学生，大多数学的是"哑巴英语"，专门为了考试学的。我算是比较幸运的了，生在大城市，遇到了一位很不错的中学英语老师，在高中时候就双语教学，很好地锻炼了听力和口语。

我认认真真地背单词、学语法，通过了高考，通过了英语四六级，成绩一直还不错。念研究生的时候，我还做了好几年的英语家教，那时候还没有新东方等比较规范的辅导机构，也没有专业的英语教材，不过是几个有"觉悟"的家长私下里拼的班，用中学英语课本教小学生学英语。我当时还挺受欢迎的，学生一直都不少。

可到了我第一次出国，真正要用到英语的时候，才发现我实在太高估自己了，我居然连最日常的对话都完成不了！在国外待了十几天之后，我好不容易觉得自己敢跟老外交流了，又到了回国的时候。每一次出国，我都会发誓，回国之后一定好好补英语。可回到日常生活中、工作中，用到英语的时候不多，渐渐就把这件事忘了，等到下次出国，又不敢张嘴了。

# 应用场景比方法更高效

从历次出国经历中，我得到了一个结论：英语不过是一门工具性质的课程，只要有用的环境，就会突飞猛进。

有一次，我随一个政府经贸代表团出访澳大利亚。

我们在悉尼参观一个农庄。一边是我方领导，一边是农庄主，翻译嘴一直没闲着，从中文翻到英文，再从英文翻到中文，中间还要不时接打电话，联系下一站的行动路线、人员安排等各种事，累得一塌糊涂。

突然，对方负责接待的人跑过来，说要确认一下午餐。午餐其实就是盒饭，每人一份，可供选择的午餐有三种：鱼肉、牛肉和鸡肉。

通常，按照外交礼仪，外方讲话时不能直接说给翻译听，一定是对着领导讲，虽然领导听不懂，但要一边露出一副心领神会的表情，一边听身边的翻译说，然后再直接面向外方来回答。对方也一样，一边莫名其妙地点头，一边听翻译解释。

这次本来也是这样的。但可能是因为这事太简单了，也可能在访问过程中我们被问到“fish，beef or chicken”的次数太多了，学俄语出身一句英语也不会的领导居然听懂了，没等翻译就向对方幽默地来了一句英文：“fish”。

听到英文翻中文，听到中文翻英文，已经在翻译身上形成了条件反射。所以，我们过劳的翻译习惯性地对老外说：“鱼！”

这个有意思的小插曲充分说明，在英语学习上，应用场景十分重要。

# 兴趣比应试练习更来劲

就在小升初的时候，小安学英语的动力来了。这时候她迷上了《哈利·波特》，中文版读完了，电影也看了好几遍，特别好奇那些魔法用英语都是怎么说的，于是主动提出来要读原著。

她当时的水平读原著肯定是不够的，但因为中文版她已经很熟了，所以读得很起劲。课本里的英语单词她记不住，却认识了书里的很多冷门词汇，什么“麻瓜”“咒语”，说得很溜。

接下来的一次飞跃是由追剧引起的。我是美剧迷，热门的美剧从来没落下过，小安也时不时地跟着看。但让她彻底“进坑”的还不是美剧，是英剧。她上初一的时候，正是《大侦探福尔摩斯》热播的时候，她迷上了英国男演员“卷福”。

着迷到什么程度呢？她在网上找与“卷福”相关的各种视频来看；“卷福”演《哈姆雷特》，她就读莎士比亚的原著；“卷福”给BBC的纪录片配解说词，她就去研究英国的历史和地理。初二的时候，她曾经用了整整一个寒假的时间，一字一句地跟读“卷福”配的纪录片《南太平洋》解说词，每一句都要学到十分像为止，那份勤奋，连我都佩服。

结果就是，她的单词量大涨不说，还学了一口地道的伦敦腔！

但回到英语成绩上，小安仍然不是班级里最突出的，英语老师在总结她的问题时，常常会遗憾地说："知识点掌握得还是不扎实，如果高考英语可以考听力和口语的话，你就有优势了。"

对于这件事，小安一点都不着急，我也不着急，我们又不是学霸，其他科目要丢好多分呢，也不差英语这几分了。

真没想到最后小安高考时英语几乎考了满分，这应该是个意外。但不意外的是，小安上了大学后，由于必须阅读大量英文参考文献，她一直欠缺的读写能力也同步提高上来了。

还是那句话，英语不是用来学的，而是学来用的。

# 自信比真实水平更重要

高一的时候，小安报名参加了一项很有影响力的英语演讲比赛。这是可以列入自主招生项目的重要赛事，大奖历来被几所最好的高中瓜分。小安就读的高中，与这些好学校差了几个档次，从没跟奖项沾过边，小安还是从那些考上好高中的初中同学那里知道的参赛信息。

初赛是准备一篇五分钟的演讲稿，题目是："如果你向外国朋友介绍中国，你最想说的一个能够代表中国的词是什么？"小安去请教学校的英语老师，完全没有演讲比赛经验的老师自然给不出什么有用的建议。她只好回家跟我商量，我当然也说不清楚了，能够代表中国的文化符号太多了，熊猫、武术、京剧……哪个都行。

两天之后，小安拿出了她的演讲稿，她最后确定的演讲题目是《变化》："如果要我向外国人介绍今天的中国，我会用'变化'这个词。因为中国的发展太快了，新的事物层出不穷，只能用'变化'来形容。"

我只有拍手叫好的份儿。但是有一个最大的担心，如果说我能想到的熊猫、京剧、武术之类的文化符号只需要一些简单的陈述句就能表达清楚，小安选择的可是一个思辨性很强的话题啊，用中文写一篇这样的议论文都挺难，何况还要用她当时并不太擅长的英语来写。

比赛那天，好大的阵势。比赛是在一所大学里进行的，一座教学楼里有好几十个考场，有一千多名学生参加。几所重点高中几乎是整班参加，都有老师带队，学生也做足了准备，有的带着古筝、笛子，有的穿着武术服，还有的穿着汉服、唐装，候考时一直不停地练着。外地的考生也都是三五成群结队而来，像小安这样只有我一个家长陪着来的，一个也没看到。

初赛时，每个考场 30 人，选出四人进入决赛，陪考的家长和老师不能进场，所以也不知道整体水平如何。临近中午的时候，初赛结果贴了出来，看到了小安的名字，这是我第一次意识到她的英语表达可能还行。

决赛在下午举行。中午在学校餐厅吃饭的时候，我们遇到了小安考场里的一位评委——这所学校的大学英语老师，她一下子就认出了小安。看来，小安的伦敦腔给她留下了深刻的印象。

老师寒暄之后的第一句话就是："你在英国生活过吗？"

小安说："没有。"

老师一下子笑了："那就难怪了。就觉得你的语法和用词有些地方不准确，可看你那自信的样子，我还在怀疑也许是我的问题呢。"

老师的话验证了我之前的担心，议论文果然让小安露了怯；但又出乎我的意料，表达的不准确并没影响她的分数。仔细想来也在理，我们听身边的老外说话，谁会在乎他们哪些词用得不准确呢？

能表达出自己的观点，让别人听得懂，远比怕人看笑话不敢张嘴强。学英语这件事，不可能有什么少林扫地僧，一出口就语惊四座。

就是靠着这样的自信，小安最终获得了一等奖。

我特别想告诉更年轻的家长们：

**“不管你听到了多少阴谋论，**
**不必把事情都往黑处想，永远要往光明的地方看，**
**中国教育的生态一定会越来越好，**
**而小安这一代人长大后必将走进一个更好的世界，**
**我们能够给他们提供的武器就是真实与真诚。”**

—— p144，人间正道是沧桑 ——

*Part*

# 3

# 修身那些事儿

—

品德在前，心理居中，才艺在后

*chapter 6*

# 想当“官”的孩子

该不该让孩子当班干部，很多家长都挺纠结。

我们能做的，

或许就是让孩子在追逐“官”位的过程中去除杂念，

培养责任感、勇气、坚韧与自信。

# DIY 当上花盆长

不知道为什么，我们两口子都是散淡之人，培养出的孩子却是个“官迷”。但她的“仕途”，走得挺艰难。

上小学第一天，放学回家，小安就说，她当上代理班长了。

怎么当上的呢？刚上学，小朋友都很拘谨，老师要找一个小朋友喊排队，只有她一个人举手，于是当选了。

可第三天，她就被撤了。不是因为不负责任，恰恰是太负责任了。没她在还好点，不过是小孩子正常的叽叽喳喳。可她一出手，说完这个说那个，动静比所有小朋友都大，于是按下葫芦起了瓢，全班像开了锅一样鸡飞狗跳。

后来小安的“官运”也大都如此。半学期过去后，小安历任体育委员、文艺委员、卫生委员、小组长、科代表等职，任期均在三天至一周以内。等到下学期再开学，由同学们选举班干部时，她就再也没有“当官”的机会了。

但小安从不气馁。一天放学后，她兴奋地说：“妈妈，今天又选班干部了。”

“你又去竞选了？”

“……虽然没选上，但老师说了，没选上的同学还有机会。”

“什么机会？”

“老师让没选上的同学回家想一想，看看班里还有什么事是需要干部来管理的，就可以提出申请。”

小安很认真地想了一个晚上。临睡觉前，她很严肃地通知全家她思考的结果：“我认为至少还有两个职务老师没想到。一个是‘桌布长’，就是每天放学后检查同学的桌布，如果有不干净的，就要督促同学拿回家去洗。另外一个是‘花盆长’，我们班窗台上不是有很多花吗？花盆长的任务就是随时检查花浇没浇水。”

看着她的严肃劲，我拼命忍住笑，很认真地向她请教：“你的意思是，‘花盆长’要每天给花浇水？”

“不是，浇水有专门的同学负责，‘花盆长’是干部，就是监督他们做没做好。”

看到我们表情木然，她有些生气：“你们别以为这两个职务很轻松。每天放学要比其他同学晚走，是要做出牺牲的！”

第二天放学，小安大声向我宣布：“我申请的两个职务，老师都同意啦！”

然后，就没有然后了。在认真履职了一周之后，“花盆长”和“桌布长”这两个“官名”再也没在我家的饭桌上出现过。“班里的花都长得挺好吧？”我每次绕着弯儿打听，都被她敷衍过去了。

看来，靠 DIY 得来的职务确实没啥成就感，还是争来的更香。

# 从小追求 KPI

一直求“官”不成的小安，上到小学四年级时终于“官运”来了。也许是新换的老师对她之前的经历不了解，也许是这时候功课开始重起来了，其他的班干部都在家长的强迫下主动“让贤”了吧。

小安当上了班干部，还一下子就是二道杠——文艺委员！为此，她在家苦练歌唱技术，几个月下来，居然把假声唱得有模有样。

有一天的语文课上，学的课文是《歌声》，讲音乐给人带来的力量。老师提议：“我们也创作一首班歌吧。”小安把这作为文艺委员的分内之事，晚上很认真地谱了好几首曲子，征求我的意见，还上了半宿的网，下载了各种班歌拿给老师做参考。

这事还没完，又赶上快到元旦了，老师又提议：班里开个联欢会吧。小安又为此大费周章，忙活了好几天。她的创意非常宏大，要排一个英语节目，还认真地写了一个工作脚本。

眼瞅着她每天晚上一弄就到深夜，一副做大事的严肃表情，我心里觉得她那些想法可能不太行，有的不够高效，有的完全是徒劳，可孩子不来问我，我也只好强忍着不说。

一天放学，我假装跟她闲聊，顺便问了一句："联欢会准备得怎么样了？"

没想到小安的眼泪一下子掉下来了："老师说不开联欢会了。"

"不开就不开呗，还省得忙活了。"这话差点脱口而出，我硬是咽了回去。经验告诉我，只要一说这话，孩子立刻就会觉得你跟她不是一伙的，再也不想跟你聊了。

于是，我也做出一副很夸张的失望表情："真的啊，那太可惜了。"

"怎么办啊。我就指着联欢会呢，要不然我今年一点业绩都没有了。班长天天去替老师开会，就连管花的还天天给花浇水，管窗帘的也有事儿做，就我一点业绩也没有。下学期再选班干部，我肯定落选了。"

没想到一个小学的班干部就有这么重的压力。班干部之间的竞争真有这么激烈吗？还是只有小安这样的"官迷"格外看重这事呢？我从小就没当过班干部，真不知道如何帮她创造业绩。不过，从这份看重里隐约感到了她正在萌发的责任感，这是很可贵的东西，如果只是轻飘飘地说一句"不当就不当呗"，真怕孩子因此失去更多。

于是，我只好陪着她一起唉声叹气，仿佛很理解的样子。

# 编个广告安慰她

不出小安所料，五年级一开学，小安的文艺委员就被撤掉了。

小安觉得是自己的业绩不够硬，在我看来更可能是因为她的学习成绩一般，同学们对她不信服。的确，中等生一般都是班里的小透明，成绩才是获得权威的硬通货。但我无论如何都不能把真相说出来，我不看重成绩的旗帜一直立在那儿呢。

丢“官”的孩子还是需要安慰一下的。

小安最大的难过来自“又变成普通学生了”。

“普通学生有什么不好呢？”

“五年级一开学，就轮到我们班升国旗了，普通学生是不可能上升旗台的。只有这一次机会，多不容易啊。”

越说孩子的眼泪越止不住。于是我就想岔开话题，说点让她高兴的：“你不还做了班歌吗？也算业绩啊。”

“班歌老师说也不做了。”

我心里真不觉得这是多大的事，反倒还有些庆幸，没了这些事，孩子少了多少麻烦啊！可是我不能说，只好继续做出一副比她还要难过的表情，附带上唉声叹气。

小安缓了缓之后，开始总结经验："我为什么业绩不好？因为其他同学的工作都是每天必须做的，大家都能看到。我的工作却是需要创意的，必须自己去争取。唉，偏偏我们老师不靠谱，经常脑袋一热，就想个主意，跟我说得可热闹了，可过了一个晚上就拉倒了。"

这就给了我安慰她的理由了，我仿佛发现了一个惊天秘密一样："原来你们老师属于经常发烧型啊！她说，'小安，你做个什么什么事'，这就表示她在发烧。她说，'不用了'，这就表示她已经退烧了。那你应该高兴啊！下回她再说'小安，不用了'，你就说：'老师，祝贺你身体康复。'"

这么一说，孩子不哭了。于是我再接再厉："我知道你的业绩是什么了——当了半学期的退烧药。下学期再竞选，我把词都帮你编好了，你就这样说：'小安牌退烧药，专治班主任老师脑袋发烧。疗效：隔一个晚上。服用方法：看一眼'。"

这回小丫头终于破涕为笑了。

说起来，真正需要"退烧"的不是老师，而是小安。解决孩子的情绪问题，也就是我们常说的哄孩子，有时候需要特别重视、马上去做，有时候则需要淡化处理，这个度很难把握，效果更是难说。

这一次，小安的情绪看似好起来了，但谁知道这次的挫折是否会在她心里留下阴影呢？做家长的永远解决不了孩子所有的问题，只能依靠时间，希望时间给她更多坚韧的底色。

# 迎来了高光时刻

经历了从小学到初中的一路挫折，小安的“仕途”总算迎来了高光时刻。

高中开学第一天，分完班，同学们开始打扫教室。小安一下子就被班主任老师相中了。一群“两耳不闻窗外事，一心只读圣贤书”的孩子，会干活的不多，小安却很会干活，还知道怎么分工、怎么合作，于是直接被老师任命为临时班长。接下来的正式班长选举，小安也毫无悬念地胜选了。

开学一个多月之后，学校举办艺术节，小安又被年级主任盯上了。

学校里有不少艺术生，演出本来没她啥事。艺术节开幕式彩排的头一天，年级主任到各班级去问谁愿意去后台帮忙。最后招募到了十几个孩子，包括小安。

其他孩子都在等着第二天到彩排现场由老师来分配任务。只有小安，凭着报名时年级主任的几句简单交代就连夜行动起来，第二天就提交了一份完整的工作表格。表格上，她把志愿者分成了几个组：负责灯光、音响的，负责服装、道具的，负责催场的。每个人的工作任务、工作点位、时间卡点都列了出来，甚至具体到每一个节目要提前多长时间去找演员候场，小安把志愿者工作安排得井井有条。

志愿者小安由此成为后台总管，年级主任把现场的指挥权交给了她。

艺术节搞得很成功，小安很有成就感。而我因此得到的最大感慨是："念念不忘，必有回响。"正因为看重，所以小安会努力抓住每一个机会。在与她同样大的孩子当中，这样的机遇意识实在难得。

接下来，就到了学生会选举的时候，不出所料，她又开始急吼吼地准备了。

孩子注定不会长成我们想象的那样，小安对当班干部如此热心，就完全不在我的想象之内。

在我的理解中，学生时期的班干部，一种是学而优则仕，另一种是爱出风头、贪恋虚荣。我在学生时代就是前者，一道杠、二道杠对我来说是跟三好学生一样的荣誉称号，没什么实质意义。而以我在成人世界几十年的经历来看，权力的游戏是充满危险和不确定性的，我并不希望小安踏入这个领域。

所以，在看到小安对待每一个职务的那种投入和认真之后，我的态度有些割裂：一面是作为母亲的心疼，想她所想，急她所急；另一面又做回学生时代的自己，在冷眼旁观，多少还觉得有点可笑，甚至盼着她早点死了这条心。

但无论如何，这些想法不能强加给她，只能让她在跌跌撞撞中自己得出结论。

# 要当就当最大的

成立学生会的消息一出来，就成为我和小安的中心议题。

小安要竞选的是学生会主席。报名者的名单一公布，我就有点担心了：跟她一起竞争学生会主席职务的人当中，有赫赫有名的男生小G。他可是校园里的风云人物，长相帅气，艺术、体育都很擅长，在学校的艺术节上担任主持人，表演节目也是妥妥的C（中心）位，在学生和家长当中知名度很高。他的每一条优势都是小安和其他人没法比的，主席一职几乎就是他的囊中之物。

我劝小安："报副主席成功的概率更大，哪怕当个部长也行啊。只有进了学生会，才会有施展才华的机会啊。"

不光是我这样想，其他几个报主席的学生都望而却步，改报副主席了，包括两个我觉得整体实力特别是学习成绩都比小安强的人。要知道，小安那时候的成绩还属于年级的中段以后呢。

可小安始终态度坚决，要当就当主席。于是，最终的主席候选人只有小安和小G了。

这一次，我前所未有地焦虑。我不在乎她当不当学生干部，但很在乎她失败。她花费了很多时间写竞选稿，在家里练，志在必得。如果落选，这对她的打击一定很大。

我能做的就是淡化紧张气氛，只要她不主动说，我从不提起这个话题。我甚至已经开始想象她落选之后我该怎么安慰她，是说“正好不想让你当呢”，还是说“是金子总会发光的”？

竞选当天回到家，小安情绪很高，说竞选演说发挥得很成功：“只有我全程脱稿，其他人都是照着稿念的。小 G 倒也脱稿了，但是稿子一看就是别人帮着改的，全是套话。”兴奋之后，她开始预测：“我得到的掌声是最多的，如果让同学来投票，我肯定当选。”

多年后我回想这一幕，记忆犹新，特别为小安迎难而上的勇气叫好，但同时也会惊出一身冷汗，幸亏没有横加干涉。我们常常以成年人的思维去考量得失，明明不可何必为之？但孩子的勇气只有在真正面对不确定时才会激发出来，已经知道是安全和妥当的事才让孩子去做，就无所谓挑战了，又哪会产生勇气呢？

当然，这也是天下父母心，谁愿意看着自己的孩子受罪呢？或许还是我的心足够硬吧。

# 阴谋论，要不得

小安说自己的竞选演说很成功，我反倒更担心了：是不是太乐观了？登高必跌重啊！果然不出所料。两天后的晚饭时间，小安的开场白充满了愤怒："太黑暗啦，据说竞选前学校就已经内定是小G了，那还让我们走这个形式干吗？！"

小安说，这是一个消息灵通人士的权威内部消息。选个学生会干部都有黑幕，这是我完全没有想到的。但突然间，我把逻辑理顺了：小安的愤怒来自她已经高涨的期待值，但如果回到起点，是不是连我这个当妈的都觉得小G更有资格当选呢？或许，在老师们的心里，主席一职他们等的就是小G，出现两个人共同竞选的局面，是他们没想到的。小安的竞选演说讲得成功，不过是个小小的意外罢了，不足以影响大局。她就是个来搅局的，搅局者的下场一般都不太好。

这一时刻，我毫不怀疑失败已成定局。接下来，就是应该如何面对失败了。该怎么劝小安呢？我又陷入了纠结：是实力说还是黑幕说？前者，让她对自己的能力产生怀疑；而后者，会让她对这个世界的公平产生怀疑。

直觉之下，我选择了前者。阴谋论可以让孩子当下感觉好些，不那么受挫，毕竟是别人的错；但怀疑世界的公平性贻害无穷，在此后的人生中，她可能会习惯于把失败都归因于别人或环境，甚至没有了走上赛场的勇气，在一个不公平的世界里，奋斗也就没有了意义。

这么大的孩子应该直面失败了，于是我说："有没有内幕，咱没证据，但至少我相信一条，就算小 G 当选，他也是有这个实力的，无论如何，他都配和你竞争。只要是竞争，就有输有赢，咱愿赌服输，下次再来呗。"

谁也没想到，两天之后结果公布：小安当选！

那一刻，我特别后怕，真是误会学校了，幸亏没把阴谋论的想法告诉孩子。

饭桌上，听完她眉飞色舞地讲述当天的经历——几点公布的结果，老师怎么说的，同学们怎么祝贺的，我突然问了一句："小 G 呢？有没有看到他？"

小安说："我正要跟你们说呢，他比我先知道的结果，还跟我说：'主席，祝贺你！'他太棒了！太有风度了！"

我想在那一刻，小安一定在换位思考，如果是自己，会不会做得如此有风度。

来之不易的职务让小安格外珍惜。为了做好这份工作，她付出了很多时间和精力，有时候要承担她这个年纪不应该承担的来自老师的压力、同学的误解，有时候还要为协调和平衡同学们之间的关系大伤脑筋，但得到的锻炼实在很大，今天存在于她身上的责任感、勇气、自信与定力，大半由此产生。

*chapter 7*

# 追星族总会长大

追星恰逢孩子的青春期，这是问题的关键。

越是不让做就越想去做，

完全靠讲道理无法让已经陷入怪圈的孩子走出来。

或许，反其道行之多少有效。

# 小安的第一个偶像

小安的第一个偶像是杨利伟。

那一年神舟五号载人航天飞船成功发射，从电视里看发射的场面极其震撼，极具仪式感，大人激动的情绪传染给了孩子，她每天最重要的事就是守着电视看直播，等杨利伟从天上回来。

电视上一旦出现杨利伟，小安马上尖叫，用小手拍打着电视，带着哭腔喊：“杨利伟啊，杨利伟！”

啥叫“舔屏”，这是我看到的最生动的诠释。

那段时间里，小安最喜欢玩的游戏就是模拟神五升天全过程。她是杨利伟，我是指挥员，“十九八七六五四三二一，点火，发射！逃逸塔分离，助推器分离，一级火箭分离，二级火箭分离，整流罩分离……”指挥口令一个字都不能错，一天至少要发射十几回。

几个月后，一个朋友送了我一本中国航天研究院出版的记录神五飞天全过程的画册。小安拿着这本珍贵的画册去幼儿园跟小伙伴炫耀，神五升空的游戏也挪到了幼儿园里，成了更多小朋友喜欢的游戏。毕业的时候，幼儿园老师有些不好意思地跟我说：“这本画册小朋友们太喜欢了，小安说送给园里了，不知道有没有跟你们商量过。”

我们当然只好同意了。于是，神舟五号的游戏和那本画册永远留在了幼儿园里，也留在了小安的童年记忆里。

# 偏偏爱上伏地魔

对杨利伟的崇拜并没有让小安因此爱上航天，对后来的神舟六号以至N号，她便没有了当初的狂热，她的偶像一直都在变。

小学四年级以后，她沉迷于《哈利·波特》，可她喜欢的书中人物却不是哈利·波特，而是伏地魔。她从网上买的《哈利·波特》周边产品，都是伏地魔系列——伏地魔的戒指、伏地魔的魔杖、伏地魔就读的斯莱特林学院的院服和帽子……同学中的哈利·波特党和伏地魔党常常起争执，她是少数派，斗起来很难占上风，但凡出现一两个支持者，马上被她引为知音。

为了更加了解伏地魔，她还买了原版《哈利·波特》读，因为咒语只有用原文讲出来才有味道。

作为一个成年人，我实在没办法进入魔法世界，陪她看《哈利·波特》系列电影，每一次都是在放映十几分钟后就睡着了。凭感觉，我认为她喜欢伏地魔有些不妥，可毕竟是外行，也找不出充足的理由反驳她，简单地说“你应该喜欢好人而不是坏人”未免武断，所以只能任由她喜欢下去。

小安喜欢的坏人还不只有伏地魔，当时有一部电视剧《神探狄仁杰》，里面有一个邪恶的组织“蛇灵”，标志性的装扮是组织成员头上都顶着高高的朝天髻。那段时间，只要不上学，小安就要让我把她的头发高高地扎起来扮蛇灵。

孩子喜欢影视作品里的反派，这不难理解。反派往往会有炫酷的装扮，性格塑造上更丰富，言谈举止也更加随意自由，这都是会吸引孩子的地方。更重要的一点是，像小安这种比较早熟的孩子，自我意识产生得早，就会更愿意成为少数派，以此来标榜个性和与众不同。

喜欢反派会不会导致她价值观出问题？这让我担忧，可实在也没有更好的化解之道了。因为我清楚地知道，一旦干预，只能让她的逆反心理更强。只能盼着她尽快转移注意力吧，毕竟小孩子都是“见异思迁”的。

事后证明，我当时过虑了，喜欢坏人并没让小安变坏，她很能分清想象世界与现实世界的不同。后来的她还经常以此来嘲笑我：“你以为小孩子就一定像你想象的那么傻吗？”

# 发明塑料互动法

上了高中，小安又有了新的追星对象，是一个偶像团体L，由五个大男孩组成。她的房间里贴着大大的海报，用的手机壳、小贴纸也都是这个团体的周边产品，还由此喜欢上了该国的文化。

L人气很高，形象很健康，五个男孩的成长经历颇为励志。当小安知道其中一个男孩是某大学毕业的时，这个大学也成了她向往的地方。

她手机里下载了一款打卡软件，记录自己的学习和生活情况，五个偶像会轮流给她回复“很棒”“加油”之类的。她明知道这是系统自动推送的，仍然很开心，一旦回复中出现了比较长的一句话，就会觉得是彩蛋，更加兴奋。这软件逼着她每天打卡汇报，学习劲头十足。

这样的优质偶像，追就追吧。

但她追得实在过于狂热，所有的业余时间都用来听他们的歌、看他们的综艺和影视剧，聊天时，所有的话题都跟这五个人有关，还时常把一些内容推荐给我看，还非要我谈感想。

那段时间，我发展出了一种能力——我称之为与追星族愉快聊天的“塑料互动法”：

首先，要在她兴奋地谈论偶像的时候，适当地加入“啊”“真的呀”“怎么会这样”“太牛啦”之类的感叹句，哪怕这时候完全听不进去，脑子里想的是另外一些事，也可以根据她的语气，条件反射地选择到一个合适的词。

其次，一旦偶尔听进去了，马上进行有效反馈，“等等，这段再重说一下，我没听明白”，她就会觉得自己讲得特别有意思，更愿意说下去。

最后，总会有一些话题是值得讨论的。比如她说到这几个男孩刚出道时有多艰难，你就可以讨论他们是怎么坚持下去的，是友谊，是热爱，还是其他什么？比如她说到有一期的综艺节目上，有个特殊尴尬的环节，几个人是如何化解的，也可以进行讨论：如果是我的话会怎么做？这也是一个培养情商的好训练。成功的人身上，肯定有值得学习的地方，一定要在这里划重点，还要让她觉得是她在负责输出。

面对沉溺于“星”河的孩子，保住一个交流的窗口，才会有让风吹进来的可能。“塑料互动法”就是这样的窗口，而它还有更广的应用范围，凡是父母和孩子之间发生冲突，它都适用。

# 比高考事儿还大

就在小安即将高考的那个年初，发生了一件“大事”。

那天是小年夜，一大家子聚会，正热闹着，在学校补课还没有放学的小安突然打来电话，泣不成声，天塌了一样。全家人都放下了手中的碗筷，以为肯定出大事了，爸爸已经开始穿外套，准备冲到学校去了。

足足哭了有半分钟，小安才断断续续地说：“L……L，宣布要停止活动了。”

家里人互相打听什么是L，得知是小安正在追的一个偶像团体，都长舒了一口气，七嘴八舌地说：“嗐！这算个啥事呢。”

我举手示意大伙儿小点声，不要让小安听到，然后开始使用我的“塑料互动法”：“真的啊？怎么会这样呢？那可太遗憾了！……”

放下电话，家人们一阵大笑，追星居然能追到这份儿上！这下好了，没星可追了，可以一心一意学习了。

大家想得太乐观了。只有我知道，这对小安意味着什么——她三天没上学，仿佛大病了一场，当然了，这时候也只有我的“塑料互动法”勉强可以安慰一二。不仅如此，团体解散的消息让她更加珍惜偶像之前的作品，她反复地看，以此来留住珍贵的回忆。但好消息是，解散之前，L 还有最后几场演唱会，其中一场将在国内一个大城市举办，只要大学考到那里，就可以离偶像更近一些。这成了她备战高考最大的动力。

但然后，也就没有然后了。小安最终真考到了这个城市，演唱会也如期举行了，但大学生小安的生活里已经有了其他更重要的事，当年那个疯狂的粉丝已经不见了。

追星的孩子终将会长大。

每次有年轻家长遇到孩子追星的烦恼，我都会把小安的故事讲给他们听。他们听到后总会异口同声地问：“你当时就不担心？”

事后诸葛亮的大话谁都会说，当时的我肯定也是担心的。但我清楚地意识到一件事，简单粗暴的反对没有用，变成孩子的对立面，只会让她更加逆反，既拯救不了她浪费的时间，还要浪费更多的时间在争吵、赌气和恢复情绪上。

特别是在备战高考阶段，孩子是非常焦虑的。我不知道其他孩子如何，至少对于小安来说，即使强令她不去看那些“无聊”的视频，这些时间她也不会花在学习上。

说到底，还是一种感同身受吧，其实我们也是这样度过青春期的。我对自己高考前的痛苦纠结记忆犹新，明知道有太多东西需要去学、去背，可就是静不下来、钻不进去，眼看着时间在自己手中浪费掉并更加焦虑。

所以，我愿意陪伴小安，这样她在浪费时间的时候至少可以不那么痛苦自责。

# 划个范围约束她

青春期是一个孩子准备开始独立探索人生秘密的开始。这是一个艰难的旅程，她会感到孤独，而家长的每一次反对，只会让她更加孤独，进而表现出我们常说的叛逆。只有坚定地跟她站在一起，让她觉得自己每一个方向的探索都是有价值的，她才会始终保持住探究的热情。

这种热情是我更在意的。它可能是“有用”的，比如说为了伏地魔认真学英语。大多数时候又是“没用”的，比如说当年那么热爱杨利伟和神五的小安此后的人生再也没跟航天有过交集，神五发射的全过程想必她也已经记不起来了。但她一定会记得热爱一件事的美妙，并在以后的人生中期待反复体验这种感觉。

小安后来跟我讨论过一件有趣的事。上了大学之后，很多学生没有了家长的管束，沉溺于游戏不可自拔，一宿一宿地抱着手机打游戏。可小安对此完全没有兴趣，她自问自答：“你知道我为什么不玩游戏吗？他们打游戏，都是因为以前家长管得太严了，这是一种报复性的补偿。而我呢，从来没有因为喜欢什么事被你反对过。”

是的，这个世界上有那么多有趣的事本应该让孩子去体会的，遗憾的是在“为了学习”的目标之下，孩子们都错过了。不少家长在当年反对时都会这样承诺：“只要考上了大学，随便你去做自己喜欢的事。”可真正有了这种自由的时候，孩子们却不知道如何开始去喜欢了，他们没有习惯去耐心培养一份逐渐长大而有价值的热爱，只能在游戏的即时反馈里得到满足。

如何把一个孩子的追星保持在可控的范围之内呢？我的办法是必须提前划定我的容忍度。

有一个小方法可以分享。以钱来衡量，我能承受的额度是一般商品市场价值的三倍。买一款明星周边的贴纸、笔记本，只要在正常文具价值的三倍以内就可以。那些不是生活和学习必需品的东西，没有参考价，那就一起商量，大部分我会答应的。当然，天价的明星演唱会门票除外，我对小安说：“这事想都不用想，等你靠自己的本事赚到钱，都花在他们身上我都不管。”

这个自由度让她很珍惜，她会想方设法利用好，仔细计算最该买的东西，避免超支以保住信誉。

没有孩子会叛逆到愿意与全世界为敌。每次在新闻里看到那些追星追到离谱的孩子，我都特别想跟他们的父母亲谈谈。

*chapter 8*

# 独立是怎么炼成的

都在说要给孩子自由，却没多少人敢松开缰绳。

独立训练须趁早，

很多时候，当家长意识到孩子不够独立时，已经迟了，

一个接近成年的孩子，迎接挑战的勇气远不及儿时。

独立必须与责任感相连，

自己选的，咬牙也要挺到底，这样的孩子才独立。

# 三种求助看独立

关于一个孩子是否独立，小安的小学班主任 Q 老师讲过一个很有趣的例子。

小学毕业之前，要照班级纪念照。老师突然发现，头一天忘了通知家长给孩子穿校服、戴红领巾。这时候已经是期末，学校对学生的着装要求得不严，所以当天全班有一半的孩子是没穿校服的。摄影师是学校请来的，不能等，也就留给孩子们一个多小时的准备时间。

老师着急地跟学生说："越快越好，自己去想办法！"

学生们都想出了什么办法呢？

大部分的孩子在给家长打电话，有的一打就通了，还能马上送来；有的打通了，却来不及送；还有的连电话都打不通，孩子急得坐在操场上哭。

有两个孩子，直接就奔向了大队部，那里有新校服和红领巾卖。

还有一个孩子，跑到已经拍完照的班级里借到了校服和红领巾。这个孩子就是小安。

Q老师说："买，借，找家长，三种方式完全能够看出一个孩子独立解决问题的能力。找家长的孩子就不必说了。买校服的孩子，是有独立性的。孩子身上随时带着百八十块钱，这一方面说明家长平时在花钱上管得不严，另一方面也是对孩子比较信任，如果孩子乱花钱甚至花钱做坏事，家长也不可能放心。他们的问题在于，只想到了用钱解决问题，一百多元的校服只能穿这一回，有些浪费。只有小安的方式是最高效的。"

这件事，小安压根儿没跟我提过，还是在她毕业之后，我们在路上碰到Q老师时无意中聊到的。无论是对我还是对小安来说，这都根本不算难事，不过就是张个嘴而已，孩子在学校待了六年了，怎么也会有认识的朋友吧。

我好奇的是，小安去借校服，别的孩子就算没想到也都看见了，为什么不能跟她学学呢？

Q老师说："小安能想到去借校服，首先当然是她的朋友多，而且关系不错，有信心人家能借她。再就是她心理素质好，敢张嘴，不怕被拒绝，这一点对很多孩子来说是挺难的。"

老师的话提醒了我，很多孩子的朋友都来自父母的朋友圈——长辈以及长辈的朋友、长辈朋友家的孩子。而他与这些人的交往一般也都是在双方家长在场的情况下发生的，也就是说，很少有朋友是因为志趣相投交到的。所以，在脱离开父母的环境中，这些所谓的朋友并不能够让他们依靠和信任。

# 狠心让她去碰壁

我没怎么刻意去培养过孩子的独立性，但要说到经验的话，还是有一些的，首先一条就是：要狠下心来让她去碰壁、去受委屈。

小安是个心大的孩子，刚上学的时候，每天各种落东西。一二年级的时候，每天光是往学校送东西就让我烦死了。上到三年级，我认真地告诉她："这一年，你有三次落东西的机会，我会给你送到学校去。三次机会用完，不管落了多么重要的东西，不管老师发多大的火，你都自己受着。"

说的时候，小安并没意识到这件事有多严重，听的时候还嘻嘻笑，可很快她就尝到苦头了。

没到一个月，小安就把三次机会都用完了。接下来，我就真不送了，不管她在电话里有多着急。有一次是没带一样挺耽误事的东西，小安急得哭，连老师都看不过去了，给我打电话求情，我说："这次送了，这个约定就失效了，毛病改不了，还白遭了一份罪。实在耽误上课，就不让她上，您怎么批评她都行。"

在这之后，小安再也没因为这事给我打过电话，我的世界终于安静了。但这并不意味着她就变成了一个心细的孩子，再也不落东西了，而是她知道了找我没用，只能自己来解决。结果就是——在这一年里，我们家多出了快十条红领巾、一堆电脑教室用的鞋套，小安口袋里日常不过几块钱，都用在买这些东西上了。

这个毛病一直持续到了小安上高中。有一次她忘带学费，将近300块钱，是跟教学楼里的保洁阿姨借的。这事让我很惊讶，为什么不跟老师或者同学借呢？保洁阿姨怎么会相信她呢？

小安是这样分析的：“不能跟老师借，全班不只我一个没带的，老师怎么能只借给我一个人呢？也不能跟同学借，同学之间借钱跟你们同事之间借钱一样尴尬。跟保洁阿姨借，是因为平时我跟她相处得好，再说了，她有什么不相信的？我是学生，也跑不了，我不还钱，还有老师和家长呢！”

小安能说得如此头头是道，是在与丢三落四的恶习作战多年后练出来的本事。所以说，还是实践出真知。

我的人生信条是最好万事不求人，落东西的事如果换成是我，最简单有效的办法就是让自己心细一点。但人和人个性不同，小安就是粗心，可也没什么不好，至少她寻求帮助的本事比我强。

# 自己的事自己做

很多家长都有过替孩子完成课外作业的经历吧？尤其是一些复杂的手工，还有很费时间的新闻剪报之类的，让家长不胜其烦。大家经常感叹的一句话是：这哪是考孩子，明明就是考家长！

可不可以不做呢？家长们自觉自愿，其实不过是担心孩子在学校被老师批评、被别的孩子比下去。细想想，那又如何呢？

自己的事自己做，并且承受由此带来的好和坏。这事没有明确写进我家的什么“约法三章”，但因为从来都是如此，小安也就天然地接受了。

那年小安七八岁，看完电视剧《三国》，画了三张分别写着“魏”“蜀”“吴”三个大字的装饰画，一张贴在她自己的房间门口，一张贴在书房门口，一张贴在客厅的墙上。她说：“我们家就是三国，我的房间是蜀国，因为我喜欢诸葛亮；客厅大一点，是魏国，归爸爸；书房是吴国，归妈妈。”

她说得不无道理，我们家真就是这样，除了饭桌上聊聊每个人的当天大事、大家感兴趣的热门话题，剩下的时间都是各人做各人的事，爸爸在客厅看书、看电视、摆弄小玩意儿，我在书房看书、看电脑，小安在房间写作业，互不干扰。常常看到的场面是：我看累了出来放松一下眼睛，小安听到我这屋的门响，也出来溜达，三个人坐在客厅，信口点评几句电视里播放的节目，然后各回各屋，继续干自己的事。

我从来没帮她写过作业，作业太多写不完就熬夜，熬不住了就等着老师批评。一次两次之后她自己就知道了，哪一科的老师严厉、盯得紧，就必须按时完成，哪一科的老师温和一点，就宁可挨批。

我也从来没帮她完成过手工。别的同学交上去的手工都很精美，她的粗糙一些，多少有些不开心，那就不开心呗。或者她以后做得再细致一些，或者她由此认识到自己不是这块料，也就不纠结了。

小安的学校里还有很多创意作业，比如每周的新闻播报。刚开始，她不知道怎么做，会来问我。这是我擅长的，直接帮她弄完，分分钟的事，但我宁可多花点时间告诉她方法，如何找资料，如何分类、编辑，如何现场播报。等她把收集好的资料拿给我，我会帮她分析一下，哪些可用哪些不可用，哪些可以做得详细突出一些。但具体怎么做，哪怕她完全不按我的建议来，也都由她。

正因如此，小安必须要自己学着读报，学着上电脑查资料，还学会了做 PPT，比我做得都熟练。

# 千万忍住别插手

放手这件事，对每个家长都是挺难的。很多家长都会在嘴上说你自己决定，可一旦孩子的选择跟自己预想的不一样，就会忍不住多嘴，很多争吵由此而来。时间一长，孩子压根就不相信这世界上有真正的自由了。

因此很多人看到我的做法，都说我够想得开。这时，我会心里苦笑一声：那还是因为事情不重要。

大部分时候，对于小安一些不“靠谱”的做法，我都能忍住，但也有忍不住的时候。上高中以后，小安要参加一个作文比赛。我知道，这个比赛的奖项在大学自主招生时是有用的，所以之前的“平常心”一下子就没了，一直在追着小安问，作文准备写什么？题目怎么拟？

小安的作文终于写完了，她拿给我看。我很认真地看，一边看一边拿红笔画：“这句不能这么写，得这么写……这一段没表达清楚，改成这样以后是不是清晰了？……”整个稿子被我从头改到尾，涂得一片红，我一抬头吓了一跳，小安早已经泪流满面了，她被我狠狠地打击到了。

那一刻我意识到，我跟那些从小帮孩子做手工作业的家长没什么两样。我们都希望孩子人生的路走得顺利一些，他们连小坎儿都不想让孩子被绊倒，而我要解决的是大坎儿，不过是五十步笑百步罢了。

这样的代劳，是拔苗助长。这些坎儿，无论大小，他们早晚还是会遇上的，而到了那时，我们不仅无能为力，还会怨恨自己为什么不早一天培养他们的独立性。

那一次，小安交上去的还是她的原稿。当然，跟我所预料的一样，小安没有获奖。但我一点都不后悔，反倒有一丝丝后怕。

我一直在设想：如果当时我真在万分焦虑之下坚持让她按我的要求修改，会怎样？不得奖，她一定会埋怨我；得了奖，是我的功劳，她也未见得高兴。如果她真因为这一个重要奖项进入了理想的大学，她会感谢我吗？

这种情况我无从想象，但有一个画面我是记得的。考上大学后，有一次小安整理东西，看着她获得的奖状证书充满感慨，一张一张地回忆着拿到每个奖的不容易。假若其中就有这样一张妈妈替她拿的奖，我想她会有些遗憾的。

# 像大人那样去思考

让小安变得更加独立的，还有一件很重要的事——参加模联。

模联，全称是“模拟联合国”，是对联合国大会及其各分支机构的仿真学术活动，最早从美国哈佛大学开始，现在已经成为有全球影响的一项青年活动。模联进入中国也有20年的时间了，很多大学都开展了这项活动，中学生群体中也有很多活跃的模联爱好者。在活动中，他们要按照联合国现行议事规则进行国家间的沟通协作。

小安是在上高中以后首次接触到模联的，很快就热衷起来。她第一次给我介绍模联的时候，说了一条特别打动我的理由——模联的底层逻辑是让青少年“像成年人一样去思考问题”。

从高一到高二，小安参加了差不多十场模联活动，分别担任过美国、埃塞俄比亚、冰岛等国家的代表，还有一次是塔斯社记者，这些身份都是活动前随机抽到的。她要根据活动组委会给出的主议题，从自己所代表国家的立场出发，在会前花很长时间搜集背景资料、确定观点并提出议案。大多数的模联会议都是纯英语交流，会有很多大学生参加，对她这样英语水平相对低一些的高中参赛者来说更有难度。我是完全不懂模联的，所以这些准备工作只能靠她自己来完成。

接下来更大的挑战是参会，会议的举办地天南地北。好在第一次是在本市，参会者吃住都在宾馆里，三天的会期，我悄悄混在会场外面观察，排除了是传销组织等风险，多少放心了些。

但其他的风险依然无法排除。比如最后一天的“玫瑰之夜”，小安在接到活动通知的时候就已经告诉过我，这是模联例行的联谊活动。但我没想到，所谓“像成年人一样思考问题”还包括穿着晚礼服去参加舞会。我眼睁睁地看着一大群十六七岁的少年举着玫瑰花陆续走进会场，脑补着接下来可能发生的事，越想越害怕。

但这些风险，我必须让小安自己去承担，当然这也是基于我对小安已经具备的自我保护能力的相信。任何事情都没有百分之百的安全，如果为了确保这百分之百的安全，我们可能一辈子都无法学会独立。

我和小安的约定是，如果接下来她继续参加其他的模联活动，她就必须自己去。于是，在两年多的时间里，小安一个人拖着旅行箱独自闯天涯，玩得不亦乐乎。

# 自己选的自己扛

小安天南地北地去“联合国”开大会这件事，始终是我和小安两个人的秘密。

小安爸爸在小安第一次参加模联时就表示强烈反对，光是浪费时间这一条就让他难以接受了，哪里还敢再让他知道这里面的潜在风险呢？好在每一次模联开会都是在寒暑假或五一、十一长假期间，而爸爸又是个大孝子，所以我们每到这个时候，都会很体贴地动员他回老家看望父母，还特别善解人意地说“一定要多住几天哟”。因为这事，我和小安成了时间管理大师，每一次都是爸爸前脚走后，小安就立即出发，然后精心地计算好时间，确保在爸爸回来之前赶回家。

这样的共谋关系，让小安更加珍惜我给她创造的自由，做事也更小心谨慎。

收获是巨大的：她从模联中找到了学英语真正的动力，不是为了答题，而是自如地使用。她像成年人一样去了解和理解世界，像成年人一样去交流、合作、对抗。更重要的是，她必须独立去攻克所有难题，从订火车票开始，到如何防范旅途中的风险，再到如何平衡参加活动和学业之间的关系。

模联虽然很有意义，但不是大学自主招生中的加分项。也就是说，在其他高中生努力去考取各种证书的时候，小安却在做一件看似无用之事。但我知道，这其实是更“有用”的，她很清楚自己占用了高中极其紧张的学习时间去做这件事，这是她自己的选择，她必须为自己的选择负责。

模联当然是个不错的选择，但也并不是每一次选择都会对。小安当然也有选错的时候，比如：她曾经想做个网文作家，并为此付出了大量时间精力，我家至今还保存着她写的无数个虎头蛇尾的“大作”。后来她针对自己成绩一般的现状，给自己选择了一条自学成才的路，要埋头搞“学术”，最后也不了了之了。

我眼瞅着她为此不计后果地努力，也眼瞅着她无声无息地放弃，就当什么事都没发生过。要知道，这时候最煞风景的一件事就是大人跳出来说：你看我说什么来着，被我说中了吧，早听我的何至如此？

敢做决定并为自己的决定负责，这才是真正的独立。

*chapter 9*

# 言传身教，何其难也

"师范"意为"言为人师，行为世范"，

听上去让人血脉偾张，

但让老师始终如一地"行为世范"着实难矣。

全班几十双眼睛盯着你，将每一个细节无限放大，

若以上述原则做老师，不疯掉才怪。家长亦如此。

老祖宗的那句"言传身教"，

真正执行起来，何其难也。

# 轻易别立目标

信守承诺、说到做到，这件事执行起来很难。

小安上小学之后养成了一个毛病，每天回家一进屋，就把书包随便扔在地上，然后去疯玩。

这本来不是什么大事，但让我很心烦。

初为小学生家长，我看了不少关于教育的文章，读到了一个所谓“21 天养成一个好习惯”的方法（很多家长都被这个“理论”砸到过吧），就决定在这件事上试试水。

我很严肃地跟小安定规矩：“家里不是垃圾场，不能随地乱扔东西！今天是最后一次警告，事不过三。如果再发生把书包扔地上的行为，第一次，我会把你的书包扔到门外去；第二次，扔到楼下；第三次，我就要开着车出去，把书包扔到大街上，让你捡都捡不回来。”

“杀无赦”的目标立起来，就等着 21 天后看结果了。

小安的第一次违规很快就发生了。我毫不犹豫地打开门，把地上的书包捡起来直接扔到楼梯口。小安坐在地上哇哇大哭，哭完了默默地走到门外，把书包抱回来。

接着就是第二次。我直接打开窗，顺着窗户就把书包扔到了楼下，小安吓得脸都白了，接着“噔噔”地从三层楼跑下去。我在窗口盯了很久，眼看着她小小的身影从楼后面绕出来，坐在地上，把满是灰尘的书包打开，把里面的笔袋和书本一个一个地拿出来检查，边看边哭，哭得波澜起伏，极具戏剧感，吸引了整院子的人围观。

我有些哭笑不得，但接下来马上意识到，我已经进退两难了：接下来怎么办？难道下一次我真会把书包扔在大街上？她可怎么去捡呢？

我只能认栽。当书包再一次出现在地板上的时候，我假装视而不见。

然后，就没有然后了。我最大的反思就是千万别轻易立目标。

时至今日，我也不知道小安第三次这样做，是她忘了之前的教训还是有意跟我叫板。反正这件事就这样过去了，乱扔东西的毛病小安也一直没有改掉。

上了大学之后，有一次小安谈起宿舍的生活，抱怨说整理宿舍的工作都是自己在干，室友的东西总是乱丢乱放。我不禁哈哈大笑，不是不报，时候未到啊。

# 先要问问“我行不”

当要求孩子做到时，自己首先要做到。这句话也是写在育儿宝典里的。

我的一个长辈讲过一件小事。有一年冬天，他带着孩子去市场买东西，看到卖西瓜的，便心血来潮跟女儿说：“好东西要用来孝敬长辈，一会儿我们买个西瓜给爷爷奶奶吃。”买完菜，他就把这事忘了，等下午到了奶奶家才想起来。再回市场，西瓜已经卖完了。为了遵守跟女儿的约定，在那个冬天少有西瓜的年代里，他跑遍了全市去买西瓜。

这位模范父亲的做法令我钦佩，可真的做到实在是很难。

小安每天上学都是跟着爸爸坐公交车的，因为我们不愿意让她从小就过得太舒服，特别是在冬天，更想让她锻炼一下。但有几天实在太冷了，于是我们就开车送了她。

这是一个深刻的教训，当感受到一次温暖之后，小安就再也不想受冻了。于是每天晚上她都做可怜状，请求第二天坐车去学校。有时我们也心软，就答应了。

有一天，因为有事熬了一宿，我到天亮时才睡。蒙眬中，我听到小安在跟爸爸讨价还价，爸爸有些生气地说："就不能心疼一下大人吗？妈妈忙了一宿！小孩子锻炼一下有什么坏处呢！"我实在太困了，于是就装糊涂蒙头大睡。

也许那一刻，在小安看来，不是锻炼一下有何不可，而是妈妈的承诺没有意义。

什么叫重然诺，在一个7岁孩子身上，我深刻地体会到了。做一个重然诺的妈妈，不仅要求我们要有坚强的意志，还要有更坚强的体质，难矣。

更难的是，我们在承诺时没有认真考虑到时刻发生着的变化，因此当意外情况发生时，我们便会失信于孩子。

这件事，让我得到的另外一个经验是别轻易跟孩子提要求。任何一个要求在提出来之前，我都会首先问问自己：你能不能做到？

我们常常会拿别人家的孩子跟自己的孩子比，可从来没有把自己跟孩子放在一起比。你要求孩子不要打游戏，可回想起自己当年第一次玩俄罗斯方块的时候，一下子就玩了两天两夜没睡觉，你还说得出口吗？你要求孩子高考前全心全意冲刺，可回忆起你当年死盯着书本上的字就是装不进脑子里，你还说得出口吗？

如果你坦诚一点，对孩子说"你可千万别重蹈我的覆辙"，她就更不信了，"你不也活得好好的吗？"

# 有方向，没方法

做父母的常常会有这样的困扰，你很明确孩子应该成为什么样的人，比如要诚实、要善良、要真诚，可在具体怎么做上，总是进退失据。

我就是这样一个有方向但没方法的妈妈。

比如在对待乞丐这件事上。

我对乞丐的看法跟一般人有所不同。我当然知道在街头行乞的人当中很多是职业骗子，可总会有一些是真的，不想错过了那些真心向我寻求帮助的人。可我又没有足够的智慧去分辨谁真谁假，所以一直以来的原则就是只要遇到这样的场合，能帮就帮一下，哪怕被骗了。

我还有一个貌似善良实则软弱的想法，看到别人向我伸手，总有些不落忍。就算是他们想不劳而获吧，可向人伸手这种举动实在很伤自尊，得下多大的决心啊，多不容易！所以，我总是随身带着一个零钱包，每当遇到行乞者，就掏出一把硬币给出去。

连我的同事都烦我这种滥好人了。每次出差，工作结束后大家去逛当地的旅游景点、美食夜市，我的零钱包很快就空了，然后我就开始找同事去换零钱，大伙都约定好了，谁也不许换零钱给我。（好在现在乞讨者都开始扫码了，信号不好成了我最好的借口。）

我常常为自己是个好人而自我感动，也觉得是给孩子做了一个好榜样，还认真地给她讲了我的上述道理，没想到打脸的事很快就来了。

一天，我开车到十字路口等红绿灯。那天又遇到了行乞者。那人在小安坐的副驾驶一侧敲车窗，小安按下车窗，从她怀里抱着的我的包里取出钱夹，爽快地抽出两百元钞票，非常有礼貌地递了出去。

继续上路，小安一直兴奋地看我，等待着我的夸奖。我哑口无言，皮笑肉不笑地说："做得不错，但是……"

这个"但是"我说不出口，当我把自己架在了一个道德高地上之后，再去告诉她施舍要有个限度，十几二十块可以，两百元就不可以，是不是太虚伪了？

# 左右互搏价值观

我一直觉得自己是个很笨的妈妈，至今也总结不出哪一种教育方法是对的，大多数时候只能靠直觉不断试错。

还有一个更大的困扰，我感觉自己的很多价值判断一直在互相打架，这种犹疑让我很羡慕那些总有明确态度的家长。

比如这件凌晨发生的“大案”。

凌晨 4 点，门铃响起。

睡梦中开门一看，门外是两个小女孩冻得通红的小脸和惊恐的表情。

小安和她从大连来过寒假的妹妹，两个 10 岁的小女孩起大早去给全家买了早点！

看到爸爸睡意全消、震惊恼怒的脸，小安连忙道歉：“爸爸，对不起，这是老师留的假期作业，要我们为家长买一次早餐。”

爸爸的愤怒脱口而出：“你可别闹了，赶快回去睡觉！”

爸爸回屋，怒气全撒在我头上：“就你惯的，这孩子越来越有主意了。黑咕隆咚的，出点啥事儿，后悔都来不及。”

十分钟后，家里安静下来。我悄悄走到孩子的房门前，听到两个孩子在里面兴奋地小声说话。

我走进去，把两个孩子搂在怀里，小脸还是凉的呢。我假装若无其事地问："去哪儿买的早点呢？"

"就是你经常去的粥铺。我们走到路口的时候，有一辆面包车在我们眼前突然停下来，我一看不好，拉着妹妹就往回走。他一看我们有警惕了，就开走了。后来，我们继续走，又蹿出来一条大狗。唉，我们只好回来了。"

哪儿来的钱呢？"在你钱包里拿的呀！一共拿了200元，应该够了吧？""我们在桌子上给你留了张字条，怕你发现我们不见了去报警。"

几句话听得人心惊肉跳。

从家长的角度来说，这是一个教育孩子最好的时机，孩子吓得不轻，已经意识到了事情的危险性。所以，该做的事情很简单，充分肯定孩子的孝心，但是在具体做法上加以指导，比如：让孩子意识到保证自身安全的重要性，让孩子学习在做事之前有周到的计划，让孩子学会理财等。

但做了这些之后，我又很难过，在这样一个到处充满危险的世界里，一个孩子的纯真该在哪里安放？

我并不认为两个孩子的举动就是她们懂事了、有孝心了，可能更多的还是一时的心血来潮。她们想证明自己已经可以像个大人一样做事了，希望看到大人惊喜的表情。我也并不认为肯定了她们这次的初衷是好的，从此她们就能成为孝顺的孩子了。说来说去，这件事与《弟子规》无关，与培养孩子良好的道德品质无关，只是一个孩子的纯真罢了。

但恰恰这种绝对的纯真是最可贵也是最无法保护的。

我不知道在我告诉她要注意安全的时候，会不会让她觉得这是一个到处充满危险、到处都是算计的社会。在我不敢肯定更不敢分享她的纯真的时候，会不会让她再也不愿去探究、去感受这个世界的美好。

孩子，世界是美好的。

凌晨 4 点的城市，静谧清新，是值得你去欣赏的。

冒险的生活是值得去尝试的。

这样的话我敢说吗？或许没人能像金庸笔下的老顽童一样，左右互搏，永远自洽。

# 人来疯，拦不住

说到《弟子规》，这又是一件让我纠结的事。

相信很多孩子都背诵过《弟子规》吧。希望通过《弟子规》培养一个彬彬有礼的谦谦君子，想必也是不少家长的愿望。

在小安刚出生的时候，爸爸就一直以“我家的小淑女”来称呼她。但很快他就发现，有个乖巧女儿的愿望想必不能实现了。

小安从小就是一副霸道、倔强又毛里毛躁的性格，跟院里的小朋友玩，必须由她说了算，只要有人不听，她非把游戏搅黄了不可，经常玩着玩着就打起来。

更要命的是她的“人来疯”，人越多越兴奋，嗨起来谁也拦不住。

寒暑假是我们夫妻俩的噩梦，家里实在没人，我俩只好轮流带她到单位去。每一次她都能“作”出新高度：能在叔叔阿姨的鼓励下，来个专场演唱会，连唱带跳，甚至翻起了跟斗；能把带着轮子的办公座椅当成滑行器，把几百平方米的办公区域当成游戏场，呼啸着滑来滑去。

不是没教育过，每一次带她去单位之前，我都跟她约法三章，不许吵闹，不许缠人，不许乱碰别人的东西。可所谓的“人来疯”就是这样，人一旦多起来，只要受到一点点鼓励，她就什么都顾不上了。我们又没办法在大庭广众之下出手教子，只能苦笑。

家庭聚会时，让小安拉琴是另一件更加尴尬的事。

很多人回忆起童年时期不愉快的经历，都会说到被家长要求当众表演节目。我家的情况正好相反，只要过年过节家里来亲戚朋友，看到客厅里摆着的乐谱架，哪怕只是客气地说一句，“孩子拉得怎么样啊？让我们欣赏一下呗”，小安都会立刻愉快地答应下来。

接下来就是最难熬的听众时间了。她拉了一首又一首，陷入了极度的自我陶醉之中。客人们不过是想听些轻松愉快的小曲子，她拉的却都是枯燥无聊的练习曲，还时不时就卡壳、错音。大伙儿一开始还礼貌地鼓掌、赞叹，后来实在坚持不下去了，就开始走神了，小声地聊天。如果在这个时候，我能及时地找到体面的理由让她停下来，那是最好的结果了，更常见的情况是，我还没来得及让小安停下来，她已经被“没有素质的观众”惹火了。

想象一下，谁家有这样的孩子不犯愁呢？每次在短视频里看到那些熊孩子惹祸的画面，我都会同情起他们的父母来，真不完全是父母的错啊。

# 无师自通读空气

到了小学三四年级以后，小安“人来疯”的情况有所缓解。究竟是什么促使她发生改变的，我真是不太记得了，还是长大后的小安帮我回忆了一下。

带入小安的视角：“每一次我发‘疯’的时候，你从来没有当众批评过我。只剩下我们两个的时候，我能看出来你脸上的表情是失望的，但你什么都不说，就是沉默。这样的沉默让人很难受，所以我就会想自己肯定哪儿做错了。”

我是个不太会表达不满的人，心情不好的时候的确就是这个样子。我有些内疚，无论在哪一种育儿宝典里，跟孩子“冷战”肯定都是不可取的。或许我应该更“阳光”一点？可小安却说：“哪有什么好不好呢？我很感谢你们从来没有强迫我变成乖小孩。活泼和‘人来疯’之间，其实只是一个度的区别，我把你的沉默时间长短当作标准，一点一点地试，最后总算找到了那个合适的度。”

看来，是我的沉默给了小安开悟的机会。她感慨地说：“在我们家当小孩，真是需要悟性呢，要学会‘空気を読む（读空气）’。”

小安说的这句日语，翻译过来是“读空气”，带入当时的情境，真是很形象。

其实，与“读空气”意思相近的表达在汉语里多了去了，不过就是察言观色、有眼力见儿罢了。

小安说出了一个我一直没想清楚的道理：没有哪一种教育方法是万能的，每个家庭的氛围都不一样，每个父母的个性也都不一样，父母亲在寻找着适合孩子的教育方法，孩子也在不同的环境里寻找着生存之道。说得好听点，这是一个父母和孩子共同成长的合作；说得不好听点，这是一场谁最终能把谁 PUA（精神控制）了的博弈。

小安所谓的“悟性”听上去多少有些凄凉，在父母的负面情绪下长大，她有可能开悟了，更有可能变成一个心理阴暗的人。看起来她是幸运的，但也可能她的心理同样有阴影，只是不说而已。现在大家都在用“童年阴影”一词来形容原生家庭之罪，但从来没有完美家庭，阳光照到的地方总会有阴影，可能我们更要学习的是与自己和解。阳光会令孩子成长，阴影也会。

# 暴露脆弱给她看

为母则刚，是一个听上去特别容易自我感动的词语。成为母亲的人会强迫自己勇敢，生怕在孩子面前暴露自己的无知和脆弱。但在孩子面前袒露自己的脆弱、无力甚至无知，也并不是什么大不了的事，反倒会有意外收获。

多年前，我接到了一个无法拒绝的任务，要去参加一个很重要的演讲比赛。这让我很为难，这明显是一个更适合年轻人参加的活动，我都四十了，在台上煞有介事地抒情，真是羞煞人也。

可既然无法拒绝，我便只能硬着头皮上。我用了半个月的时间，写了好几版演讲稿，认真地做了 PPT，笨拙地一遍一遍练，躲在没人的地方偷偷练。当时小安正好放暑假，看到了整个过程，就像我当年鼓励她一样，这回轮到她鼓励我了。一开始我也不好意思，但看到小安这个教练当得很投入，而且还很有方法，我也就放心地把自己交给她了，还真有了很大进步。

初赛，我居然取得了第一名。赛后，两位评委把我们几位进入下一轮复赛的选手留下来，逐一提出改进意见。人家也是出于好意，真心希望我们能做得更好，所以意见就多少尖锐了些。

能得第一名，我简直想都不敢想，至于意见，当然虚心地接受了。可小安却受不了了，评委们的批评气得她满脸通红。回来的路上，她说着说着还哭了起来：“你那么努力地练习，讲得那么好，他们怎么能这么说你……”

这真是我的意外收获，被“公开处刑”的我，让小安产生了如此强烈的保护欲。暴露出自己的短板之后，我们的心反而贴得更近了。

后来，我一轮轮闯关夺隘，赢得了最后的决赛。对此，小安比我还兴奋，把它视为我们共同努力的成果。

再后来，我成了这项比赛的评委，这段亲身经历被我讲给每一届的选手们听。我尤其会鼓励那些没有信心的妈妈们，成绩并不重要，可当你在努力做一件你不擅长的事时，你全力以赴的样子，一定会留在孩子记忆里的。要想让孩子成为一个坚韧的人，最好的方式就是你先做到。

# 说谎必须找缘由

在诚实这件事上，我也有自己的童年阴影。

我曾经是个爱说谎的小孩。

上幼儿园的时候，有一个小朋友借了我两本杂志，是当时很出名的《好孩子画报》。那个时代，很少有家庭会给孩子买书看的，想看书只能在街边租小人书。所以我拿回家反复看，爱不释手。天知道我是哪根筋搭错了，居然跟一起生活的奶奶说："是幼儿园发的。"奶奶听说幼儿园还有这样的福利，特别高兴。看她高兴，我又编了一句瞎话："以后每一期杂志都会发给我们呢。"奶奶更高兴了，还特意找了根漂亮的小绳子，把两本杂志订起来，说以后再发新的也订在一起，这样就不会丢了。

可这样一来，杂志就没法还回去了，每天在幼儿园见到这个小朋友，我只能编各种理由搪塞。没几天就露馅了，小朋友的家长找上门来，我被奶奶一顿修理。

还有一次更离谱。上小学三年级的时候，一天中午我回家吃饭。爸爸忙着做饭，妈妈在管两个妹妹，我坐在一边很无聊，突然就冒出一句："今天我们班出大事了，一个同学死了。"爸爸妈妈一下子就惊住了，都放下了手里的活儿，愣愣地看着我。于是我就继续往下说，还越说越兴奋，虚构的细节生动得连我自己都信了——这个被我编进故事里的倒霉同学，擦玻璃的时候不小心从三层楼摔下来，最后抢救无效死亡。

这次的谎话当然不到半天就被揭穿了，放学的时候，这个故事早已传遍全校，所有的学生和家长都慕名来看我这个谎话精。

惨痛的经历让我在很长时间里都觉得自己是个品质不好的学生，修复创伤花了很多年的时间。同时，我也无师自通地总结出了孩子说谎的一些心理动机：获得好处是一种，规避风险、害怕被惩罚是更常见的一种，还有一种就像第二个故事里的我，单纯是为了获得别人的关注。

从此，我只要一想到要说假话就会脸红心跳，哪怕是工作以后，经常要说一些无伤大雅的场面话，我也总是说不出口，连酒桌上的敬酒嗑儿都不会唠。

不管怎么样吧，因为说谎话而经历的心理折磨，我是不希望小安去经历了。

# 人间正道是沧桑

因为渴望被关心而说谎的心理动因，在小安这一代被过度关注的孩子们身上已经没有了，但为了获得好处而说谎的想法却经常会有。

上了小学，孩子们之间总会有一些比较。为了得高分，在考试时偷瞄一眼好学生的试卷，是很多孩子都会做的事。犯了错之后，为规避惩罚而诿过于人，也很常见。小安身上也发生过这种事，每一次，我都会很严肃地说："成绩不好可以，作弊不可容忍。"

还有些情况下，是家长在帮孩子作弊。手工作业做得好会受到老师的表扬，从不被表扬的小安回到家经常气愤地说："那些被表扬的同学，没有一个人的手工作业是自己做的，肯定是他们的家长帮着弄的！"

我没办法评价别人的父母，也没法告诉一个七八岁的孩子关于眼前小利与长远考量的大道理，只好用一种更抽象的办法来结束谈话："长大了你就会知道了，人间正道是沧桑。"

这话小安肯定似懂非懂，而我也只能靠严肃的表情让她知道有些事我不会去做，她也一定不能做。

上了初中和高中之后，家长代劳的已经不是做手工这样的小事了，经常会有一些与中考和高考挂钩的重要比赛，家长们会私下里找门路打听试题、找人提前写好答案。我还接到过培训机构打来的电话，只要花上昂贵的学费进补习班，就可以在比赛中拿到奖。

我很坦诚地跟小安说了这些事，问小安的意见，她坚定地说："我就靠自己去比，比不好我认了。""裸比"的结果，倒是比我们想象的好些，小安多少拿到了一些奖。这时候，她就会感慨地说："妈妈，我现在终于明白你跟我说过的那句话了，'人间正道是沧桑'。"

接着，她又补了一句，让我啼笑皆非："我特别想把这句话写到作文里，可我怕老师觉得我是瞎编的。"

我特别想告诉更年轻的家长们："不管你听到了多少阴谋论，不必把事情都往黑处想，永远要往光明的地方看，中国教育的生态一定会越来越好，而小安这一代人长大后必将走进一个更好的世界，我们能够给他们提供的武器就是真实与真诚。"

# 富养生出分别心

我对小安经常有一些很具体的要求，比如：人人平等，尊重所有人。

常常在麦当劳、肯德基里看到背着书包的爷爷奶奶，给孩子买了一大桌吃的，自己却坐在边上看，一口也舍不得吃。这样的特殊待遇，小安是没有的，要吃就是全家都一样，觉得贵就谁也别吃。我们也是经济条件一般的人家，天价牛排、进口水果也舍不得买，更不会单独买给孩子吃。

都说“女儿要富养”，我是不认可的。超出自身水平的“富”，一人富的代价是全家的节衣缩食。说这话的人以为“富养”出来的女儿会有不一样的眼界，气质高贵，身上没有寒酸气。可当孩子高贵起来后，你就不怕她在睥睨一切的时候，连自己的家人都包括在内了吗?

一旦生出了分别心，孩子的欲望只会越来越大。而想要让孩子成为一个不虚荣的人，父母亲首先要做到。

因为没被特殊对待过，所以小安脑子里压根就没有过高人一等的想法。上了学，同学之间各种互相攀比，她基本上免疫。

但平等仍旧是很抽象的概念，只能靠生活中的一点一滴来让她理解。

比如，每次在公共场合进出，我都会告诉小安，进门的时候，要想着回头看一眼，给后面的人留个门。如果遇到有人给你留门，一定要对人家说一声谢谢。

比如，客人走的时候，如果不必送下楼，也一定要等到对方走到楼梯拐弯处看不见的时候再把门关上。

比如，在学校里要尊重老师和一切工作人员的劳动，不论是在食堂打饭还是走廊里遇到做保洁的叔叔阿姨，都要礼貌地和对方打招呼，跟他们道一声辛苦了。

比如，在跟所有人打招呼、道谢的时候，要看着对方的眼睛，不能只是嘴上说，眼睛却东张西望，那是很没有诚意的。

当然，这只是一些形式上的要求。能否出自真心，还得靠孩子慢慢地去体会。

一天早上，小安准备上学，临出门时，我突然想起有一个东西要让她转交给同学家长。这时的小安一只手拖着书包，另一只手正在提鞋，听到我说话，赶紧放下书包，用两只手把我的东西接了过去。这个礼貌的举动让我很欣喜，我从来没有教过她这样，她是怎么做到的呢？小安说，是因为有一次跟着姥姥去银行办业务，姥姥要把钱递给里面的工作人员，那个阿姨一直在忙手头的事，头都不抬，姥姥手举了半天，表情很无奈，她在旁边看着特别不忍心。

对长者、尊者礼貌待之，很多人都能做到，但只有以宽容和共情去感知别人的心情，才会有发自内心的尊重之举。这是一种平等观，更是一种善良。

# 为人着想才善良

什么是公德心和良好的教育，著名作家梁晓声的解释特别到位：“教养是根植于内心的修养、无须提醒的自觉、以约束为前提的自由、为别人着想的善良。”

在这一点上，小安的爸爸做得比较好。

我家所在的小区物业有很多管理上的疏失。

于是，小安爸爸会定期去清理楼道，把楼道门口被小招贴弄成大花脸的门擦干净，还特意做了两个留言板，提醒社区工作人员把通知贴在此处。过年前贴春联的时候，他会在单元门上贴一个“福”字。下雪的时候，他会第一个下去清理楼门口的积雪。楼道里的对讲台锁坏了，他会自己花钱更换，还在锁下面细心地画个示意图，提醒那些短期租房的人正确开锁的方式。

前几天和小安电话聊天，她说这些事她都记得，还说起了一件小事：有一次跟爸爸去一个小面馆吃饭，面很烫，小安挑起面条想用嘴吹凉，爸爸教她要拿手护上，别把唾沫溅飞了。“爸爸说，不能什么事情都自顾自，要照顾旁人的感受，不打扰到他人。”

她说这就是换位思维，以此推之的很多事，她都知道了要站在别人的立场来想问题。

这或许就是言传身教真正的含义了吧。

*chapter 10*

# 家有琴童

学才艺，是对素质教育最狭义的定义，

也是家长最容易操作的事。可决定学什么就难了。

热门还是冷门？有用还是有趣？

家长喜欢的还是孩子喜欢的？“取长”好还是“补短”好？

每条路上都有成功的案例，也有失败的教训，

从来没有万能神药。

# 缺什么，想什么

我唱歌还行，班里只要有合唱比赛，总能选上我，我还参加过小学的鼓号队呢。可等到小安学上了琴，没两年，我就被她瞧不起了。每次一高兴，我刚开始哼歌，她就会在旁边阴恻恻地来上一句：“跑调了。”

这也许就是让孩子学一门高雅艺术的弊端吧，孩子的品位上去了，就开始嘲笑我这个“土”老妈了。

有一回，小安的小提琴老师给了我们两张票，是他所教学生的独奏音乐会门票。举办地点是音乐学院里一个很小的演奏厅，也就能装四五十人。演奏的都是外国曲目，没有一首我熟悉的。我勉强提起精神，假装聚精会神地欣赏，一曲奏完，我热情地鼓掌，左右一看，只有我一个人的掌声尴尬地回荡在空气里。

一首协奏曲是由几个乐章组成的，按照惯例，只有乐曲全部奏完才能鼓掌，乐章之间虽然有小的停顿，但却是不能鼓掌的。陪着小安学了好几年的琴了，也看了不少场音乐会，这个规矩我是知道的。但问题在于，我判断不出来哪里是“逗号”，哪里是“句号”！

平时的音乐会鼓错掌的人多，还显不出来，这一场的观众可都是内行，错的只有我一个，我成了“滥竽充数”的南郭先生。

更让人尴尬的是，在场的每一个人都很有教养，甚至都没有人回过头看我一眼，只是静静地等着我的掌声掉在地上，然后演出继续，好像什么事都没发生一样。

可越是这样，我越想找个地缝钻进去。从音乐厅出来，我就火了，冲小安一顿吵吵：“看你那眼神，生怕别人知道你认识我似的。是不是觉得我给你丢人了？！”

小安很无辜地看着我，好像在说：“我啥也没干呀？”

我其实生的是自己的气，本以为还算是个文化人吧，可这不合时宜的掌声，让我就像鲁迅先生小说里写的那个完美的家庭主妇，买白菜时还是要跟小贩讨价还价的——终究还是露馅了。

这就是作为父母面临的尴尬，很多时候我们送孩子去学的才艺，是我们自己不会同时又羡慕多年、抱憾多年的。可孩子一旦帮我们圆了梦，反倒更凸显了我们的不足，我们甚至有时会觉得她在嘲笑我们。

# 更美妙的新世界

弥补我的童年缺憾，确实是我让小安学琴的重要原因。

我从小就很喜欢音乐，唱歌、听歌让我快乐。但这仅局限于流行音乐，邓丽君、崔健，包括后来的校园民谣，我觉得那就是最好听的音乐了。上大学时，有个同学总是瞧不起我们这些听流行音乐的，时不时就张罗去听交响乐，我们还一致嘲笑他附庸风雅。

不知道是否其他的年轻人也像我当年一样狂妄，觉得只要是我们不了解的世界，就是不存在的。

很多年以后，我偶尔听一首很安静的古典乐曲，居然听出了感动。我说不清为什么，也完全不理解它在表达什么，就是突然觉得好听了，也约略感觉到那个美好的世界确实是存在的。当然了，大部分时候我还是无感的。

这件事让我困惑，直到一个喜欢古典音乐的朋友给了我一个解释。他说，一个没有经过系统古典音乐训练的人，他的耳朵只能适应自然音阶，也就是流行音乐通常会用到的七声音阶，“do、re、mi、fa、sol、la、si”，所以会觉得流行音乐好听。西方古典音乐所使用的音阶更繁复，我们的耳朵并不熟悉，所以听古典音乐时，我们会很不适应，要么觉得很吵，要么觉得枯燥。当然，也有一些人，虽然没有受过训练，但他们的耳朵天生就能适应复杂的音阶，能很自然地喜欢上古典乐。但我只是普通人，那首曲子之所以打动我，也许是音乐简单，也许只是符合了我当时的心境，我自身的条件可能让我没有能力去领悟更多了。

这套理论可能不够严谨，那一定是我复述的问题，希望真正的专家能原谅这样的解释。但它确实说服了我，我由此意识到，就像在文学上，因为我读了大量的作品，同时又有一种天生的喜爱，所以我所感受到的文学之美也是很多人感受不到的。

我所缺少的音乐训练，或者说音乐素养，让我很难去领略一个更加美妙的音乐世界。这种遗憾，希望小安不会有。

# 漂亮老师领进门

听很多朋友说起孩子学琴的痛苦，所以在小安开始学琴前，我带着她听了很多场音乐会，电视里直播维也纳新年音乐会，也假装陶醉地跟她一起“欣赏”，希望能给她营造一个高雅的艺术氛围。

听交响音乐会本身就带有强烈的仪式感，对观众有各种文明礼仪的要求，不许随便走动、吃东西、说话，舞台上的演奏者身着黑色礼服、白色长裙，举止优雅庄重，这些都令小安印象深刻。后来她学琴遇到困难的时候，总能够咬牙坚持下来，一定与舞台上看到的这些唯美画面有关系。

选择哪一种乐器，我没像其他家长那样做周密的调研。或许是因为无知，我执拗地认为只有学西洋乐器才能真正让小安走进古典音乐的大门，而西洋乐器中，只有两个选项能够实现我的目的——钢琴和小提琴。

这两个选项的最终决定权交给了小安。那一年，四岁半的小安做出了她人生中第一个重大选择。

这是在去找老师的路上决定的，钢琴和小提琴二选一。她问了我两个问题："哪个好？哪个难学？"我说："都好，但应该是小提琴更难吧。"她说："那我就学更难的。"

我暗下决心，无论今后遇到多大的困难，都一定要陪她走下去。但说实话，我的信心并没那么足，还暗自庆幸，幸亏她选的是小提琴，如果选的是钢琴，放弃了，那么大一台钢琴明晃晃地摆在家里，该有多心烦。

我所在的城市里，主要有一南一北两个学音乐的地方：城南是音乐学院；城北有一个集歌剧院、歌舞团、交响乐团于一体的大院，人称"艺术大院"。我家位于城北，找老师自然就要去艺术大院了。

艺术大院里，从院门口开始几乎每一个门面房的窗口上都挂着培训乐器的牌子。我们走进了第一家店，要求很简单：学小提琴，找个漂亮的女老师。

很多人听我讲起给小安找老师的过程，都惊掉了下巴："这也太草率了吧？"但我们的运气真是很好，这位当时只有 26 岁、刚刚结婚的 N 老师，成了小安一生中最难忘的老师之一。让小安爱上小提琴的，与其说是她的技术，倒不如说是她与音乐融为一体的形象气质。小安在她人生最美的时候与她相遇，她外在的美与音乐之美同样深刻地留在了小安的脑海里。很多年之后，说起与 N 老师的第一次见面，小安能够很清晰地回忆起她穿着黄色的 T 恤、紧身牛仔裤，身材高挑挺拔，乌黑的长发系成清爽的马尾……

N 老师后来成了交响乐团的首席小提琴手，经常在新年音乐会上看到她坐在第一排，坐姿始终优雅挺拔。每次演出，坐在观众席上的小安都会在她出场时卖力地鼓掌，并在演出结束时去后台为她献花。

# 拿个证书有啥用

在温柔漂亮的N老师的班上，小安顺利克服了学琴之初的枯燥乏味，她甚至主动提出把每周一节课增加到两节，只为了有更多机会见到N老师。

到第二年的时候，N老师说，小安可以去考级了。于是小安先考了个二级，顺利通过了。

听上去顺利，其实还是很艰难的。每天差不多一小时的练琴，孩子自然会懈怠，难度上去了，她无法完成，而我们当家长的又不懂，只能逼着她一遍一遍地练，至于练得对不对也不知道。每到这个时候，我总有种无能为力的自责和疲惫。一到练琴时间，想到又要进入连哄带骂的循环，我甚至会条件反射地胸口疼痛。

小提琴初学阶段之难，或许还不在于此，更折磨人的是它的声音一响起来，会像锯木头一样难听，让人时刻处于崩溃的边缘。每次出门看到邻居，我们都要不好意思地道歉："孩子刚学琴，打扰到大伙啦。"当然了，在这个过程中，我也很清醒地意识到了一点，在音乐上，小安同样是有点天赋但注定不能以此为生的人，要把琴学好，只能靠熟能生巧，一点一点地苦练。学琴是童子功，所谓“一万小时定律”并不是万能的，但如果只把学琴看成技艺，还是要靠时间累积的。

锯木头锯到第四年的时候，N 老师给小安制定了考六级的目标。苦练了大半年之后，六级证书到手了。

这个时候，我开始产生了困惑：为什么考过了六级，我还是觉得小安拉得很难听呢？大部分时候，她无法完整顺畅地拉完一首曲子，总有些卡顿。即使某一次没有卡，可听上去也没有美感，只是一些音符在耳边杂乱无章地飘来飘去。

在为小安取六级证书的时候，我瞟了几眼其他孩子的证书，大部分都跟小安的一样，成绩写的是“及格”，下面还有评语指出不足，评语也跟小安的大同小异：“从音准到节奏和流畅性都有待提高”，这可能正是我觉得她拉得难听的原因。但也有一两个学生的证书上写的是“优秀”，评语中就有“动听”“优美”这样的表述了。也就是说，在达到业余六级水平的孩子当中，是有人可以拉得更好听的。

于是，我意识到了问题所在：N 老师给小安制订的是一个以考级为目标的学习计划，六级过了，还有八级、十级。如果小安只练这些考级曲目，哪怕她资质平庸，哪怕她一直拉得不好，只要坚持每天练琴，掌握那些得分点，也一定能在小学毕业时拿到十级证书。就像我们经常看到的很多优秀的年轻人履历中写的钢琴十级、小提琴十级一样，这只是反复练习的结果，他们对音乐并没有真正地理解，只不过是攻克了更高难度的考级曲目而已。

这依然是一种应试教育的思维。

# 从头来过又如何

怀揣六级证书却拉琴如同锯木头，这个结果完全违背了我培养小安音乐素养的初衷。

当然了，这不是N老师的错，她所遵循的是当时的潮流，是大部分学琴的家长共同的要求。但是，如果再跟着N老师学下去，就不能从根本上解决小安练琴的问题，于是我决定给小安换老师。

这个决定是我在小安成长过程中很少有的一次“专制”，也是我少有的调动各种人脉关系去为孩子找老师的一次。

小安的第二位小提琴老师J，在我所在的城市里很有名望。电话联系的时候，他断然拒绝，说这种“回炉”的孩子最难教，他肯定不收。我不死心，打听到某一个周末他去一个我们都认识的朋友家聚会，就带着小安、背着琴和谱架直接找上门去。看在主人的面子上，J老师没办法，只能让小安简单拉几句，听的过程中他一副牙疼的表情，不住地摇头。

我关上门和他深谈。我说：“我会和孩子一直坚持下去，直到孩子真正爱上音乐。您不用担心砸了自己的招牌，考级不是我们的目的，只要您觉得不行，我可以永远不要那个十级证书。”

不知是被我的诚意打动，还是我实在太难缠，J 老师只好答应了。于是，在小安学了六年琴之后，一切从零开始。

J 老师给小安打开了一个新的世界。他是一位有成就的演奏家，有着一个艺术家对音乐的热爱甚至偏执。小安拉错某一个音符的时候，他会气得停下钢琴伴奏砸琴键；小安拉得不错的时候，他会跟着大声地叫好、大声地哼旋律。

在经过了短暂地从一个漂亮老师到一个“白头发老头”的不适应之后，小安很快被 J 老师的音乐魅力所折服了。虽然还是会经常回去看 N 老师，并不时吐槽 J 老师有些变态的严厉，但她逐渐会在练琴的时候给我们科普一首曲子的魅力何在，还会尝试各种不同的拉法，问我们哪一种更好听。

到初中的时候，小安已经爱上了小提琴。就像她喜欢每一件事时一样，她会主动上网找她喜欢听的音乐的乐谱，自己在家认真地练。有一位德国的现代小提琴演奏家是他最爱的，家里墙壁、手机屏保都是这位艺术家的照片，每天练完 J 老师布置的曲目，她会模仿着这个音乐家的台风，着迷地练他拉过的经典曲目，一练就是很久。

有一次，我心血来潮，找出了当年她苦练过的六级曲目。小安很轻松地就完成了那些她曾经不断卡壳的部分，而我也终于听到了我期待中的那种音乐的美感！那个时候，回想起这个艰难的过程，真有种想哭的感觉。

# 坚持还有意外之喜

我们一直守着与J老师的约定。上中学后学业加重，小安又有那么多业余爱好要耗费时间，于是她每天拉琴的时间从一个小时逐渐缩短到了40分钟、半个小时，但她始终坚持着，从未中断。

小安上到高二的某一天，J老师突然宣布，用一年的时间准备，小安就可以去考十级了。

高考前，小安终于拿到了小提琴十级证书，证书上的成绩写的正是我曾经羡慕的两个字——“优秀”。

现在每当有人想让孩子学小提琴，来向我咨询，我通常都会说：“不建议，太难了，除非你已经做好了坚持下去的充足准备。”

回想起陪伴小安学琴的过程，走过的那段弯路现在看起来并不重要。没有哪个家长会自带上帝视角，做对所有决定，甚至于我会觉得，如果最开始就遇到J老师，对小安来说未必是好事，或许他的严厉会让4岁多的小安望而生畏，产生巨大的心理阴影。

真正重要的其实是坚持，只有坚持才能克服时不时跳出来的功利心、时间管理上的难题以及各种理由充足的放弃的念头。唯一令我支撑下来的甚至不是那个培养素质的理念，而是另外一个执着的念头：只要这件事坚持下去了，在小安接下来的人生中，她将无惧任何挑战！

事实也的确如此。每当小安遇到困难，无论是学习上的还是与学习无关的，我们都会用这件事来互相鼓励：学琴那么难我们都坚持下来了，还有比这更难的吗？

想起一个小细节。小安考十级那天，同样考十级的有六七个孩子，大多都只有十一二岁的年龄，有的才练了三四年的时间。家长们聊天时都是一副很焦虑的样子，一直在说着："赶快把证书拿下来吧，马上就上初中了，再也没时间学了。"我插了一嘴问："这么小的孩子，他们对曲子能理解吗？"可这话掉到了地上，完全没人接茬，这事肯定从来不在他们的考虑范围之内。

我不敢说这六七个孩子中没有天赋异禀的音乐神童，但是从概率上来讲，这些孩子能够走进十级考场，应该跟六七年前的小安一样，靠的是几首考级曲目的反复练习。想象着这些即将拿到十级证书的孩子，这次考试也许是他们这辈子与小提琴最后的缘分了，我心里多少有些伤感。

# 取长或者补短

除了学琴，小安还上过其他特长课。

我想先跟大家提一个问题，既然称为“特长”教育，那是应该取长还是补短呢？也就是说，是先发现了孩子有哪一方面的天赋再进行有针对性的训练，还是为了让孩子补齐短板、齐头并进？

我想这件事很多家长事先都没太想好，做出选择的原因多种多样：像小安这样单纯是因为我们做父母的要补上自己小时候遗憾的有之，听见大伙都说“这孩子腰细腿长，适合学舞蹈”就学了的有之，为了补齐孩子短板的同样大有人在。更常见的做法是，什么流行学什么，看到别人家孩子都去学，也把自己家孩子送去。既然不知道学什么最好，那就什么都试试，反正技多不压身。

小安曾经学了两三年的舞蹈，就是因为我相信了“女孩子从小学过舞蹈会显得气质好”这句话。很少有小女孩不喜欢上舞蹈课的，虽然我从小安进舞蹈班的第一天起就意识到了她的身体条件完全不适合，但还是本着培养气质的想法坚持着。

同时，小安还上了表演课。这是学琴和学舞蹈的一个附加课程。

在艺术大院的各种招生广告中，表演课是跟乐器和舞蹈同样热门的课程，经常被搭配推销。这方面，小安还真是有些天赋的，她本来就口齿清晰，绕口令、诗朗诵，很快就学得有模有样了。

这期间，小安还参加了几次舞蹈和表演的比赛，居然还拿到了奖。幼儿园毕业典礼上，小安俨然是个小明星，好几个节目里都有她，又是唱又是跳，还做小主持人，让其他家长很羡慕，我也借她的光成了家长们羡慕的对象。

但在上小学前，这两门课被我果断叫停了。这几次露脸，让我对自己的虚荣心产生了警惕，我究竟是为了孩子好，还是只为了自己脸上有光？小安之所以能在同龄的小朋友中间显出来，更多的是因为她外向活泼、不怯场、敢表现。但我们做家长的必须有清醒的认识，以小安的外形条件肯定是当不成舞蹈家和演员的，再练下去，收获不好说，虚荣心肯定会渐长。

再说回到小安对这两件事的喜爱，其中有多大程度是发自内心的，又有多大程度是因为不断受到大人们的夸赞？如果孩子真的喜欢艺术，再捡起来也不晚。可一旦孩子习惯了掌声，也许会走上越来越追求虚荣的道路。

# 越擅长，越自信

就在小安学表演那段时期，一个朋友听说了，也把她的儿子小Y送了去。Y妈就是典型的“补短型”，说自己的儿子太怯场了，在外人面前不敢开口，说话好像还有点吐字不清，希望能通过学表演有所改变。

可事与愿违。让小Y跟小安一起上表演课，真是一种折磨。一段绕口令，小安听老师示范了两遍，就流利干脆地拿下了，小Y却是从头错到尾，越说越紧张，越紧张嘴越不利索，老师每点他一次名，都让他一身大汗、满面赤红。

两个月下来，我跟Y妈说，别让孩子遭这份罪了，再学下去可不是怯场的问题了，别再弄出什么心理问题来。

接下来是故事的反转。

有一次，Y妈给我发过来一段视频，是一场大学生演讲比赛，小Y正在台上侃侃而谈。这次比赛，小Y拿到了很不错的名次。当年那个怯生生的小Y，长成了一个阳光自信的大男孩。

我问Y妈：“孩子是什么时候开始不怯场的呢？”Y妈说：“我也

不太确定，不学表演了之后，我也灰心了，不会说话就不会说话吧，也不算啥大毛病。再以后有家庭聚会啥的，家里人也就不鼓励他当众表演节目了。后来，因为他学习好，个子长得也高，学校里有升旗仪式就会让他当升旗手，运动会也让他在前面当旗手，他越来越自信，也就越来越敢说话了。”

以前那么喜欢舞蹈和表演的小安，早已没有了当年的轻盈和灵动，完全不像与这两种艺术有过任何的接触。我陷入了新的一轮自我怀疑，如果我不叫停的话，舞蹈一直练下去，小安的气质会不会比现在更好呢？我所担心的虚荣心，究竟是真实存在的，还是我出于对这两种艺术的某些偏见而营造出来的呢？

或许这就是父母心吧，在培养孩子这件事上，从来就没有确定的答案。家长觉得好还是孩子喜欢更重要？“取长”好还是“补短”好？每条路上都有成功的案例，也有失败的教训；而道路一旦选择了就很难有重来一次的机会。

或许我们能做到的，只是坚持快乐原则，让孩子太痛苦、太不情愿的事，还是不要做。

多年后想起来，这件事还是让我很温暖。
小安后来能够成为一个良善淳厚之人，真应该感谢 D 妈。
她让我重新回归理性，去想办法引导小安克服负面情绪。
如果 D 妈当时多少表达一些不满，
我一定会把自己的愤怒发泄在小安身上。
对一个一年级的孩子进行道德评判，是多么危险的事啊。

**制怒是做家长最重要的功课，**
**尤其是在孩子犯错的时候。**
**把自己的不良情绪转嫁给孩子，更是大忌。**
**这一点其实每个家长多少都明白，**
**但很少有人能够做到。**

—— p178，高段位，解纠纷 ——

*Part*

# 4

# 家校那些事儿

—

目标一致却互相角力的人

*chapter 11*

# 妈妈们的交集

妈妈们之间的交集只有一个交点——孩子。

孩子是学霸，妈妈就风光无限；

孩子是学渣，妈妈就灰头土脸。

有时候妈妈之间互相角力的不过是虚荣心罢了。

# 妈妈们之间的魔幻交流

从母亲到家长，并不是一个同步完成的过程。

当孩子第一次管我叫妈妈的时候，高兴是自然的，但对“妈妈”一词究竟意味着什么我并没有太明确的想法。刚成为母亲的头两年，孩子对于我来说比较像玩具或宠物。直到她开始上幼儿园、上各种辅导班了，孩子成了学生，我成了家长，有了一个新的称呼，叫作“小安妈妈”。不知道其他人最开始被称为“某某妈妈”的时候是什么感觉，反正我是适应了很久。

“双减”之后，补课班都取消了，可能家长们已经少有坐在教室外面陪读的经历了吧？那可真是一道极其魔幻的风景。

妈妈们坐在教室外面聊天，话题总是围绕着孩子。一场典型的愉快聊天往往是这样的：

甲：“我儿子昨天单词没背下来。”

乙：“一天没背算啥，我女儿天天都不背。”

甲：“可你女儿聪明啊，上课就能记得差不多。”

乙：“就知道耍小聪明，还是你儿子好，我要有个这么听话的儿子，我得高兴死。”

这种妈妈对妈妈的交流，简称为 MTM（mum to mum），它的游戏规则是这样的：多以吐槽为主，而且只能吐槽自家的孩子；一定要“吐”得恰到好处，表面上说的是孩子的毛病、自己的烦恼和焦虑，好像在贬低自己的孩子，抬高别人家的孩子，但隐约间又能感觉到妈妈们之间的暗中较劲。如果哪个愣头青的妈妈把这事弄反了，自顾自地夸起自己的孩子，或者批评了别人家的孩子，那可就不好收场了。

在这样的聊天群里，站上 C 位的一定是成绩最好的孩子的妈妈，C 位旁边的位置是留给那些信息灵通、在班级里表现积极的妈妈的。前者的资格来自可以提供成功经验，后者的资格来自可以提供很多重要信息，比如老师们之间有什么矛盾了、哪儿又出现补课大神了。

可想而知，像我这样的中等生妈妈，自己又啥事都搞不清楚，只能处于边缘位置了。少数几次成为焦点，还是妈妈们觉得我太不“上进”了，热心地给我出主意。

# 太焦虑，爱聚堆

有个优秀的孩子是一种什么样的感受？这是我一直无法体会到的。但是从小 C 妈妈身上我至少得到了反面的启示。

小 C 是小安在英语辅导班的同学，像洋娃娃一般漂亮，英语成绩在班里也是数一数二的，这样的孩子一定从小就在赞美声中长大，所以身上自带一种公主般的傲气。C 妈相貌和气质都很普通，但因为有了这样一个孩子，所以自带一种“迷之自信”。

MTM 的话术，C 妈完全不懂，也或许是她的孩子从小优秀，没有机会去练习吧？她觉得自己的孩子很出色，她天然就应该成为妈妈们的领袖，所以聊天时话特别多，随便哪个妈妈刚吐槽了一句，她就马上接茬，一副居高临下指点江山的样子，把别人家的孩子贬得一无是处，总是弄得场面尴尬。没几次，她就意识到了妈妈们对她的疏远。于是，她慢慢挪出了 C 位，坐在边上不再说话，听着妈妈们聊得火热，脸上时不时流露出嘲讽和不屑。

就在这时，她看到了同样处于边缘位置的我，很安慰地意识到有跟她同样不受欢迎的妈妈，同是天涯沦落人啊，于是向我抛出了橄榄枝。

我当然要接招了。她主动跟我聊起自己的成长经历，从一个小地方来到大城市打拼，遭遇了重重困难，经历了不少不愉快的事，最后终于靠自己的努力完成了自考，并找到了一份还算体面的工作。虽然我觉得她的自信有些可笑，“鸡娃”的做法也过于激进，但至少她以身作则，让我觉得她远比那些自己不努力却逼着孩子用功的妈妈要好些。

两个价值观、人生经历都不同的妈妈就这样产生了交集，甚至某种程度上建立起了友谊。这种友谊里有很微妙的平衡：C 妈觉得小安的成绩比小 C 差了好几个段位呢，心里很有优越感；而我虽然在她晒娃时总是酸溜溜的，但一想到她坎坷的前半生，又觉得我虽然平凡但生活安稳，这一点比她幸运，多少也找到了些安慰。

你可以觉得这种交往很虚伪。但说到底，妈妈们之所以愿意聚堆儿，最根本的原因还是育儿的焦虑，大家都不知道往哪条路上走，最简单的办法就是去人多的地方。哪怕是被挤到边缘位置的 C 妈和我，有人同行，总会觉得好些。

# 堂吉诃德战风车

妈妈之间的友谊，永远始于孩子也终于孩子。孩子们不在一个班了，妈妈们也就不联系了。孩子们发生冲突了，妈妈们也必须割袍断义。

C 妈和 B 妈之间的冲突，让我同时失去了两个朋友。C 妈觉得我没有坚决地站在她一边，愤然拉黑了我。B 妈疏远我则是为小 B 着想，因为我是知情人，孩子不想看到我，所以我只能作为小 B 心理阴影的一部分消失了。

在这件事上，我实实在在地体会到了为什么会把母亲比喻成母老虎，她们保护起孩子来真是不顾一切，但同时又是极其不理智的。

比如 C 妈。我耐心地和她复盘，让她别把事情看得那么严重，小 C 被人撞倒了，又被同学围观，觉得很丢人，但在一般同学眼里，就是很正常的同学之间的打打闹闹。小孩子的事，今天打，明天忘，没什么大不了的。我还帮她分析了一下："是不是有什么误会，或者小 C 听岔了？小 B 一家我认识了很多年了，包括他的爸爸妈妈甚至爷爷奶奶，都是挺有修养、谦和有礼的人，不至于说脏话吧？"

没想到，我不说还好，C 妈听了我这话更加歇斯底里：“我女儿品学兼优，不可能说谎！”

C 妈整天都在担心“木秀于林，风必摧之”，每出一件事，她天然地就会往这个方向想，而小 B 就代表了对自己的女儿心怀恶意的那股势力，只有把它摧毁，才会让女儿的世界一片晴朗。她像堂吉诃德大战风车一样与这个假想的黑暗世界为敌。

B 妈又何尝不是如此呢？像我和 B 妈这类中等生甚至“学渣”的家长，最大的焦虑就是孩子成绩不好，其实我们心里也一直在担忧，孩子将来能有出息吗？所以一旦听到有人说中了自己的心事，她必须起来战斗，抵抗 C 妈的同时也在抵抗对未来的恐惧。

或者也可以说，这种情绪化是绝大多数妈妈都无可避免的。我们心里都有很多这样的情绪黑洞，对孩子健康成长的焦虑让我们感觉无力，因此就必须把这种无力以战斗的姿态加以释放。

补充一句，当年那个“闯祸”的小 B，虽然成绩依然平庸，但长成了个帅气又阳光开朗的小暖男，已经大学毕业了，找了份普通的工作，生活平稳，仍然好动，经常去参加自行车越野赛。

# 细节之处见情商

D 妈是我见到过的高情商妈妈的代表。

小 D 是小安在舞蹈班认识的小伙伴。舞蹈班里，孩子通常分为两种，一种是孩子确有天赋，家长充满期待；另一种是孩子条件一般，家长不过是希望孩子能有一项特长，或者沾染些艺术气质罢了。小安就属于后一种，小 D 则是前一种，天生丽质，身体条件极好。

同样漂亮的 D 妈在妈妈群里是个耀眼的存在。D 妈家境很好，完全有条件来打扮自己，但她的穿着始终低调，言谈也从不会给人压迫感，不矫情、不自矜，很懂得照顾其他妈妈的感受。

有件小事很能体现她的高情商。

舞蹈班的老师提议给孩子们买一种比较贵的袜子，一双将近百元。全班十几个孩子，多数家长都不想买，主要就是因为贵。跳舞很费袜子的，这可不是一次性的投入。可家长们又不敢驳老师的面子，所以都面有难色。

再来上课的时候，小 D 穿上了这种袜子，D 妈说是逛街时遇到一家商场打折，特别便宜，一下子买了好几双。妈妈们都很心动，纷纷问还能买到吗。D 妈很爽快地说："我在家没事，明天还去逛商场，帮你们带！"

很多年以后，当我们成为不错的朋友后，我才知道，这袜子根本就不打折，差价都是 D 妈补上了。D 妈说，如果只有小 D 穿，其他孩子肯定不舒服，家长们也不开心，所以就想出了这个点子。

我佩服她的地方，不在于她的慷慨，出点钱她根本不在乎，而是她做得不露痕迹。如果她说，"全班孩子的袜子我包了"，妈妈们当然会感谢她，但少不得心里会不舒服，偏执一些的人还会生出"我不是有钱人，对不起孩子"的念头。D 妈没有这样，反而详细地讲自己跟老板讨价还价的过程，说到最后砍下了几十块钱时，完全是菜市场大妈捡到便宜货的表情。"原来大款也跟我们一样爱占小便宜呀"，D 妈的自毁形象，一下子拉近了跟妈妈们的距离，让大伙心里没有了压迫感。

她如此细心地呵护妈妈们的自尊，让我感觉她不仅情商高，而且内心善良。当然了，听完这个故事，可能会有人觉得她没有这么高尚，不过是想营造一个好点的环境，让自己的孩子过得舒服罢了。但这又有何不可呢？有这样的智慧来保护孩子的母亲，实在是太少了。

# 高段位，解纠纷

孩子们之间起冲突，很可能伴随着家长间的继发冲突。就算没有，多半会以一方的隐忍结束。

但高情商的 D 妈却有更好的解决办法。

这一次是小安与小 D 发生了冲突。准确地说，是小安的错。

两个孩子都上了小学，还分在了同一个班里。小 D 因为一些特殊情况，开学 20 天后才来上学，这时候班里其他的小朋友都已经熟悉起来了，可她只认识小安，多少有些孤单。看到熟悉的小伙伴，小安很高兴，还炫耀地把她介绍给班里的其他同学。可没用两天时间，小 D 就成了班里最受欢迎的人，因为她不仅漂亮，还继承了妈妈的高情商，很有亲和力。这让小安很失落，本来小 D 是她一个人的朋友，现在成了全班同学的朋友，反倒让她落了单。更为重要的是，那时候的小安还没有美丑高下的意识，从来没觉得自己长得不好看。她跟小 D 在一个班里学舞蹈，还搭档参加过几次舞蹈比赛，自以为她们是差不多的，没想到现在小 D 如此出风头，倒显得她灰溜溜的。

比较心一旦产生，只会越来越强烈。小安当然意识不到是自己的问题，只觉得是小D抢走了她的朋友，于是对小D产生了强烈的不满并逐渐发展成怨恨。每次放学回家，小D都是小安饭桌上吐槽的中心，这也不好那也不对。

小安的表现生动地解释了一个词——“嫉妒”。开始时，我还耐心地排解她的情绪，可是完全没用，而且对她的祥林嫂式的抱怨越听越心烦，都懒得理她了。我真是没经验，完全想不到一个孩子的嫉妒如果得不到疏解会发展到什么程度。

所以，当听老师说小安在学校里用跳绳抽了小D（虽然老师用的表述是“不一定是有意的，可能是误伤”），我毫不怀疑她是故意的。那一刻，我愤怒了，我在自己的女儿身上看到了恶，对她的品性产生了怀疑。她的恶从何而来？难道她就是传说中的天生犯罪人？

这事发生后，老师首先通知了D妈。她去学校后，看到小D只是胳膊上有道红印，并不严重，就说先把孩子接回家，这事就到此为止吧。正因如此，我才没有被中途叫到学校去，而是在放学接孩子的时候才知道了这件事。

我带着满腔羞愧给D妈打电话，没想到居然在她那里得到了安慰。她用轻松戏谑的口气说：“老师在电话里说得太夸张了，一路上把我吓个半死。到了一看，多大点事啊。小孩之间不就是这样嘛，今天好明天坏的。”我深刻检讨，小安错得实在离谱，可D妈说：“别这么说孩子，不管小安是不是故意的，她肯定也吓坏了。当时我看到她脸都白了。”

多年后想起来，这件事还是让我很温暖。小安后来能够成为一个良善淳厚之人，真应该感谢 D 妈。她让我重新回归理性，去想办法引导小安克服负面情绪。如果 D 妈当时多少表达一些不满，我一定会把自己的愤怒发泄在小安身上。对一个一年级的孩子进行道德评判，是多么危险的事啊。

制怒是做家长最重要的功课，尤其是在孩子犯错的时候。把自己的不良情绪转嫁给孩子，更是大忌。这一点其实每个家长多少都明白，但很少有人能够做到。

# 别替孩子选朋友

接下来要说到的这一位妈妈，就更让我感慨了。

小 E 是小安初中的同学，一个相貌平平又很内向的女孩。在刚上初中的时候，她并不显山露水，成绩也跟小安一样只是中游水平。但到了初一下学期，她突然间就进入了前十名，而且成绩一直在上升，尤以数学成绩最为优异。用小安的话说，她就是一个数学天才。

因为内向，小 E 也没什么朋友，但是和小安很好，无论是在和小安成绩不相上下的时候，还是在成为优等生之后。假期时，她经常来我家玩。我仔细观察这个孩子，她跟我们大人说话很简短，总是低着头，尤其是比起旁边咋咋呼呼、动辄大惊小怪的小安，更显出她的安静与羞涩。一次小安生日，她送了一个自己亲手做的生日礼物——很精巧的小房子。可以想象，这得花多少时间和心思。听小安说，小 E 会做各种手工，还会绣十字绣。她的爱好都是需要内心极其安静的人才适合的，她拥有我在小安身上求之不得的性格，我真是打心眼里喜欢她。

小安和小 E 的友情出现危机是在初二下学期。一天，小安很不开心地说，小E妈妈不让小E跟她做朋友了。

我立即就明白，我预料中的事终于发生了。E妈做出这个决定，一点也不奇怪。

E妈跟我的交往也是在小安和小E成为朋友后开始的，那时小E还是一个成绩一般的孩子，E妈非常谦虚，甚至到了有些卑微的程度。她在一家公司做销售，老板拖欠工资，得知我的工作有机会认识媒体的人，还想让我帮她找记者曝光，把钱要回来。那段时间，她几乎天天跟我联系，每次都很亲热地叫“姐”，把自己放在被迫害者的位置，认为自己受到了极其不公正的对待，还说自己家里经济情况不好，遇到的都是坏人，没有一件顺心事，最常说的一句话就是：“姐，我真是走投无路了，全靠你了。”我很认真地看了她的材料，觉得纠纷很复杂，而她的讲述中也有很多夸张的成分，并不适合找媒体的朋友介入，就婉拒了。

没帮上忙，她的电话就慢慢少了，语气也不再热络。后来，小E成绩越来越好了之后，她的电话几乎没有了。

像E妈这样的人，我接触过很多，所谓前倨后恭，不过是身份变了，或是利益使然。我还有些阴谋论地设想，当初小E和小安成为朋友，没准也是E妈为小E做出的选择吧。如果真是这样的话，那早晚有一天，她会为小E选择更“有用”的朋友的。

# 孩子成了受害者

如果 E 妈只是选择让小 E 疏远小安，我是能接受的。

那时候小 E 的成绩已经进入了班级前 5 名之列，而小安依然徘徊在班级的 20 名左右，还整天一副没心没肺、毫无压力的样子，在 E 妈们眼中就是摆烂的“学渣”。“无友不如己者”，孔子这句话不知被多少人误解，至少在妈妈那里，不跟“学渣”交往是一条铁律。

更为重要的是，就在这个时候，我和小安的班主任产生了矛盾，虽然并不公开，但与老师交往密切的 E 妈是清楚的。以 E 妈的做事风格，选择在这个时候让小 E 与小安断交，正当其时。

让我难受的是，E 妈还主动承担起了“清君侧”的任务，跟很多家长打招呼，叮嘱他们离我远点，也让孩子们远离小安。很多不明就里的妈妈来问我情况，她们从 E 妈处听到的版本里当然全是我的错。如果我不想成为众矢之的，就要解释，可一旦解释，就会让本来只是发生在我和老师之间的矛盾放大成公共话题，加剧我与老师的矛盾，由此祸及小安。所以我只能忍着，忍得特别辛苦。

时过境迁，我能理解 E 妈的做法，也许是出于保护孩子的心理吧。家长和老师关系不好，孩子一定是受害者。所以，必须跟老师处好关系，以此换来老师对孩子的照顾。如果他们找不到其他的办法来讨好老师，无条件地“效忠”就成了首选。E妈或许不是个例，这样想和这样做的妈妈很多，即使不像E妈一样当“先锋”，她们总归是要站队的。想做少数派，有我的前车之鉴，谁还敢呢？

跟老师产生冲突的确不明智。在大部分的冲突中，家长往往会是败下阵来的那一方，因为老师手里永远握着我们的命门——孩子。何况，还有更多如E妈一样的神助攻。

但是，在这场较量中受伤的远不止被孤立的小安，其他的孩子同样会留下心理阴影。在我们的童年回忆中，总有那么几个被孤立的同学，无论我们是否主动或者被动地参与过这场共谋，都会有一些愧疚，并对社会性死亡产生巨大的恐惧，乃至在后来的生活中习惯于站到多数人的一边，不敢成为说“不”的那一个。

# 负能量，不转嫁

无论对E妈有多大的不满，孩子总是无辜的。我在心疼小安的同时也为小E担心，有这样一位充满负能量的母亲，内向的小E日子肯定不好过。而我这一次的担心，很不幸又变成了现实。

虽然被E妈横加干涉，但小安和小E的友情暗中还延续着。上了初三之后，小安时不时就会说起小E的一些新变化：小E交了几个网友，小E晚上失眠，小E经常头疼要吃止疼片……导致这些变化的原因，小安总结说，是E妈给小E施加了太大的压力，她用老气横秋的语气说："她自己人生的不如意，都要在小E身上找回来。"

那个时候，其实我最想说的一句话是："孩子，人家妈妈那么看不上你，你就别往上贴啦。"可我说不出来，孩子之间的交往是真诚的，小E已经因为妈妈的反对很烦恼了，我不能让小安也有这样的烦恼，只好说："多劝劝她吧，你的话她会听的。"

接下来就出事了。一天放学后，小安特别沮丧，说自己惹祸了。小E来到学校时无精打采，告诉小安说她头天晚上吃了很多止疼片，感觉特别难受。小安吓坏了，以为小E想不开做了傻事，就跑去告诉老师，老师当然也很重视，把小E送到了医务室。校医检查之后，初步判断应该没有小安想的那么严重，但还是建议把E妈找来，把孩子领去医院看看。

E妈来了之后非常生气，认为小E只是服药过量，没大事，反倒是小安这个出卖同学的小人，故意让小E出丑，这下子全校都知道小E要寻短见了。老师与小安谈了话，多少也有责备之意。后来我还听说，E妈给众多妈妈都发了信息，让妈妈们看好自己的孩子，远离小安这个坏孩子。

小安问我，她做错了吗？我问她："如果下次再遇到这样的事，你还会这样做吗？"小安说："我会。"我说："路遥知马力，我们管不了别人怎么想，只要自己问心无愧就好。"

我想象了一下当时的场面，如果小安是一个成年人，这样的做法肯定欠妥，或许还有更好的处理方式。但我们不可能这样去要求一个十几岁的孩子，我们首要的任务是教给她正确的价值观，如果我们希望孩子是一个有责任感、有爱心、珍惜友谊的人，就必须给予她肯定。至于方式方法，不能在这个时候说，更不能由我来说，那对她将会是一个彻底的否定。作为母亲，我相信她一定会从这次打击中有所反思的。

小E服药事件也因此成谜。但显而易见的后果是，从这以后，小E的成绩一路下滑，中考成绩很差。至于其间她到底经历了什么，因为她彻底与小安中断了联系，我们也无从知晓。高中三年，小E的成绩也并不理想，她最终考上了一所很普通的大学，离家千里之外。

# 贫而乐，富好礼

在对众多妈妈的回忆中，我最终选择了上述三位，或许因为她们比较具有代表性，也更能启发我们如何配得上妈妈的称号。

先说说D妈。小安看到我对她的描述后说，很担心读者会把我当成D妈的“舔狗”。网友更习惯于看到的是那些嚣张跋扈的富婆，培养出同样嚣张跋扈的富二代。大家都有慕强心态，同时又有仇富心态，把D妈想象成一个恶人可能更令他们心理舒适。

D妈确实代表不了富人群体，既然有“暴发户”这个难听的词存在，一定是有很多现实证据做支撑。仅以我所见，令人反感的有钱人比比皆是，D妈确实是他们当中较有修养的。试想一下，同样是女儿在学校被别的同学欺负了，你会像她一样压抑住自己的心疼与愤怒，更理智地解决问题吗？她的智慧，如果必须跟她的财富扯上关系，那只能解释为正因为她有这样的智慧，才会让她成为一个成功者或者成功者背后的女人。我由衷地希望，像她这样“富而有礼”的人越多越好。

E妈很有代表性。她是这个世界上最大多数的普通人，包括我在内。我们都有很多缺点、很多不如意，不自觉地会把一些负能量传递给孩子。特别是像小安所评价的，希望自己的人生缺憾在孩子身上找补回来。每当我心里也时不时跳出一些灰色的情绪时，我时常会想到E妈，并悚然一惊。

上了大学后，小安与小E续上了联系，说感觉小E比原来开朗了一些，可能是离她妈妈远了的原因吧。我特别心疼这个孩子，希望她未来会更好。

C妈也是一部分优等生家长的代表，只是表现得极端了些。她一直在努力给孩子营造一个“风雨不能入”的环境，但这种极度的不安全感其实也会影响到小C的。

小安上高一的时候，我们在一次挺高层次的全省英语演讲比赛中，遇到了小C母女。小C依然美丽而骄傲，C妈依然普通又自信。我们比较官方地聊了几句，小C上了市里最好的高中，比小安的学校高了两个档次，我又在C妈脸上看到了那种熟悉的优越感。

经历了几轮的比拼，两个孩子都进了决赛。C妈第一时间知道了结果，孩子获得二等奖，已经是个不错的成绩了。她催着我也去打听，抑制不住再次战胜我的喜悦。当听到小安是一等奖时，她特别失落，好像小C的奖牌一下子暗淡了。公布结果时，我站在C妈的前一排，努力控制住自己终于扳回一城的飘飘然，毕竟有过多年灰头土脸的经历，己所不欲，勿施于人啊。但同时我也为小C担心，不知道C妈的失落情绪会不会发泄在她身上。

《论语》里有段话，子贡曰:“贫而无谄，富而无骄，何如?”子曰:“可也，未若贫而乐道，富而好礼者也。”

*chapter 12*

# 师生缘

孩子爱老师，是天然的，

老师是他们在学校里必须依恋的成年人。

孩子对老师的爱也是最渴望的，

因为他们要与班里几十个孩子去争夺老师的爱与关注。

而家长与老师之间的角力也是天然的。

把孩子交到一个陌生人手里，难免会让人担心，

但他必须选择相信。

# 一起去争他的爱

在小安那些拉拉杂杂、不时跑题的小学作文里，写老师的占了很大比例，同时也是写得最真诚的部分，我想这也代表了大多数孩子的真实感受。

孩子爱老师，完全无条件，从家庭进入学校，老师是他们仅能见到的必须依恋的成年人。很多刚上幼儿园的孩子之所以不适应，我总觉得就是因为他不能把对父母的依恋转移到老师身上。只有产生了这样的移情，孩子才算真正进入了一个新阶段。所以，我特别想提醒年轻的父母们，最好别在孩子面前表现出对老师的不满和不敬，尤其是在小学阶段，这会给孩子带来巨大的心理混乱和恐惧。

而孩子对老师的爱也是最渴望的。他会很紧张地意识到要与班里几十个孩子去争夺老师的爱与关注，就像小安在作文里写的那样，老师对她做的每一件小事、每一句话，她都会牢牢地记住。

我曾经在10所学校的100名小学生中做过一个调查，调查中有这样一个问题：“如果电视台邀请一位很著名的校长来做节目，你最想问什么？”每一个孩子可以问5个问题，有90%以上的孩子都提出了类似的问题："校长，你最喜欢什么样的学生？"

但是，以老师为主题的作文在小安上到初中和高中时就没有了。因为此时，她对老师的心理需求从爱转向了尊敬，而且是有条件的。心智已经成长的她，会从理念、品格、性格以及学识等多个角度来衡量一个老师是否值得她尊重进而敬爱。

我是学师范的，虽然没有当成光荣的人民教师，但"老师"一词在我心目中始终有着至高无上的位置。我至今还能回想起我的每一位老师，感恩他们给我的教诲。

我和我在同一个城市的中学同学经常聚会，逢五逢十的毕业纪念日，我们都会举办活动，还为我们的每一位中学老师依次举办庆祝退休的仪式。仪式都很正式，有不同的主题，以及各种互动环节，每一次都要弄到老师感慨万千，同学们泪水涟涟。

对我一生影响最深的老师，是我的高中班主任。十几岁的我年少张狂，充满各种叛逆的想法。这位老师会容忍我每周有一天完全没有理由地逃学，会在我和其他同学发生冲突的时候，推着自行车走几里的路程送我回家，跟我讨论"宽容""慈悲"这些我从来没有想过的问题。当然，这些事也同样发生在我的同学们身上。

在还有4个月就要退休的时候，恩师因病猝然离世，他的告别仪式是他的学生张罗的，生平事迹是学生写的，主持人是学生，参加仪式的是得知消息后从天南地北赶回来的学生。我们只能以这样的方式来表达对他无尽的感激和思念。

所以，当目送孩子第一次背着大书包走进学校的小小身影时，我只能祈祷，让她遇上一位像我的恩师一样的好老师。

# 老师喜欢乖小孩

C 老师是小安小学一至三年级的班主任，是一位中年女教师。

小安第一天上学就喜欢上了 C 老师，觉得她像妈妈一样和蔼可亲。但我却不以为然，我的直觉告诉我，这位老师属于很传统的那种，按部就班，对纪律和秩序要求严格，肯定会喜欢乖孩子，而小安恰恰不是。

开学前，我陪小安去学校报到和分班。我被随机抽中，作为家长代表为学校录一段小视频，也就是说一两句对学校的赞美、对孩子的期待之类的，众多家长的话混剪在一起，将用在一天之后的开学典礼上。这同时也给了我一个单独与老师相处的机会，我努力给 C 老师留下好印象，同时也给老师打个预防针：“孩子比较顽皮，有错您就尽管批评。”我表面上说“尽管批评”，心里想的却是“请多多包容”。C 老师表示：“活泼是好事，我喜欢这样的孩子。”

事实证明我并非多虑。小安上学不久就露馅了，不仅代理的职务被撤掉了，还经常犯错被老师训。她不仅好动、不守规矩，性格也比较执拗，还有点霸道，很难跟同学良好沟通，再加上她的成绩也不好，实在找不出让老师另眼相看的地方。

经常被训，让我很担心小安的心理受影响，但又无能为力。我明知道如果她乖一点，就会少受点批评，如果我抓得紧一点让她的成绩好起来，老师的管教可能也会松一点。但前者我做不到，后者我又不想做。

反倒是小安缓解了我的焦虑。在一次又一次被C老师狠狠地训过后，小安对我说:“我们老师说过，她越爱哪个学生，就越会严格要求哪个学生。”

听到这话，我鼻子泛酸，同时很感谢小安如此积极正面地看待问题。我不知道今天还有多少孩子会像小安一样完全相信了老师的话。也许是小安天生单纯，也许是因为她从小跟着我参加同学聚会，对我和我的老师之间的师生情谊印象深刻，又或者是因为我们做父母的从来没有在她面前说老师一个“不”字，她从来没有怀疑过老师的爱。

无论怎样，正因为小安觉得老师是真心爱她的，所以每一次犯错，她都会认真反思、努力改正，期待着老师的肯定，这份纯真该有多么难得!

# 潜规则，不存在

在小安被C老师屡次“教育”的过程中，我心里也会有种猜测，会不会是我的原因？

如何跟老师搞好关系，应该是家长们最头疼的事了，每个人的耳朵里都充满了必须讨好老师的“潜规则”。对家长们之间流传的这些“潜规则手册”，我始终是将信将疑的。多少是因为我的天真吧，我始终保有对教师这个职业无比神圣的想象，并且相信一位专业人士总有他必须遵守的基本职业素养。如果我们总是用潜规则来做事，这个世界不就乱套了？

同时，我又觉得，虽然与老师有一个良好的沟通很重要，但这并不意味着要用家长的“讨好”去换回老师的“善待”。很多家长就是太担心孩子在学校受到伤害，才费心费力去讨好老师。

那些“潜规则手册”记录的案例确实在小安身上一一得到了验证。比如“手册”里说，很多家长会讨好老师，让孩子坐在更靠近讲台的位置上，而小安的座位确实是在越调越往后。“手册”上还说，班级里有很多让孩子出头露脸的机会，不讨好老师就不会有机会，而小安也确实从来没有得到过这些机会。

时不时地，我还会从其他家长那里听到些风言风语，说老师常常做出一些令小安当众难堪的事，就是因为我这做妈妈的“不太会来事儿”。

那段时间，为了这件事我很痛苦，我也劝过自己，在自己的工作上、生活上可以保持清高、坚持原则，可为了孩子，是不是可以低一下头呢？让孩子为自己无谓的原则买单，是不是太残忍了？我甚至在脑子里一遍一遍地推演我该如何去讨好老师，该怎么张这个口，但终究迈不出这一步。

很多年以后再来回想这事，我仍然无法确定小安在C老师当班主任这三年所承受的一切，到底是因为C老师对她的严格要求，还是因为我的原因。我仍然愿意相信所谓的潜规则是不存在的，至少是不完全存在的。回想起C老师每一次对小安的批评，都是在往一个很积极的方向引导，而她在教学上的认真负责、细致严谨也是大家公认的，至于说到调座、给不给机会之类的事情，也都是可以找到合理且公正的理由的。

我甚至设想，我们和C老师之间才是正常的师生关系、家校关系，之前种种不好的猜测，多半是被“潜规则手册”误导了。如果这个世界上没有了那本“手册”，是不是我们的孩子会在老师的教育乃至批评之下成长得更加积极、更加坚韧？

# 好老师，没标准

什么样的老师才是好老师呢？真没有标准。Q老师就是个典型的例子。

Q老师是小安四至六年级的班主任老师。在小安即将升入四年级的开学前，家长之间都在讨论一件事，因为学生数量增加，学校要增加两个班，把原有的班级打乱重新分班。讨论的焦点当然是即将担任班主任的几位老师都是谁、哪位老师最好。有消息、有路子的家长更是赶快“运作”起来了。

我还是一贯地顺其自然，师生能否相得，还得看缘分。

作为“缘分”到来的Q老师，恰恰就是家长们之前议论过的最不看好的老师，甚至没有之一。因为小安所在的学校是素质教育的示范校，不公开班级和每一个学生的成绩排名，所以家长们的检验标准只有老师的日常表现。“消息灵通人士”给她的评价是：不负责任，她的班级是纪律最散漫的，对学习抓得也不紧。

但恰恰就是这位Q老师，让小安过了三年最快乐的时光。传说中的Q老师的“不负责任”，可能恰恰因为她的快乐教育理念，在她的班级里，学生们可以像孩子一样去玩、去闹，而不是成为只讲规矩的机器人。

小安在以往课堂上常常被“敲打”的乱抢话、没规矩，在Q老师这里却受到了鼓励，她甚至会在跟我交流时把小安称为“一个惊喜的发现”。作为语文老师，她很敏锐地看到了小安课堂发言里表现出的天马行空的想象力。

因为是示范校，学校里经常举办公开课。以往像这样的场合，老师们都会有意识地引导一些“好学生”事先做准备，像小安这样的“不稳定”因素，老师是不太敢给机会的，天知道他们会顺嘴说出什么话来。但Q老师不同，无论是平时还是公开课，她都让孩子大胆想象、自由发言，小安因此有了很多出风头的机会。

这让小安由此对公开课产生了极大的热情，常常在放学后很着急地说：“明天又有公开课了，这次可是一个重要人物来听课，可得好好准备准备！”以至于我每每嘲笑她：“怎么听上去你比Q老师还上心呢。”Q老师确实不那么重视成绩，这从其他家长“抓学习抓得不紧”的抱怨中可见一斑。但我却很满意，因为她和我的关注点比较一致，更重视对学生阅读和写作的培养。除了教材规定的作文任务，她要求学生每周都要写一篇周记，长短不限，题目自拟。我从小安上一年级开始，就把她的每一篇习作都录入到了电脑里，从数量上看，小学四至六年级，小安作文的数量、篇幅占到了她整个中小学阶段的三分之二以上。

就像老话说的，“鞋子好不好，只有脚知道”，好老师没有标准，师生相得就是好。

# 特殊对待是大爱

让我对 Q 老师心存敬意的，还不只是因为她对小安好，而是另外一件事。

小安班里有一个男孩小 F，成绩一直是排在后面的，还出奇地淘气。小 F 算是个富二代吧，他的父母亲常年在外地做生意，生意做得很大，他一直跟 70 多岁的奶奶一起生活，一年跟父母也见不上几次面。有一次送小安上学的时候，我遇到这位奶奶。当时小 F 正在跟奶奶发脾气，好像是因为奶奶记错了学校布置的什么事。奶奶很无奈地跟我说："学校的通知太长了，我也看不懂，这么大的孩子，我真带不好啊。"

可以说，小 F 就是我们在新闻里经常能见到的那种有钱又没人管的孩子，可想而知他有多么不驯，是学校出了名的"惹事精"，很多同学对他避之唯恐不及。小安每每放学回来说到当天的新闻，凡有破坏纪律、给班级"抹黑"之事，黑名单里总有小 F。

可有一天，小安放学回来，在饭桌上很严肃地说："妈妈，我以后要对小 F 好一点，他今天让我刮目相看！"

原来，在当天的语文课上，Q 老师的例行作文点评选出的范文是小 F 的。作文的题目是最常见的《我的理想》，小 F 写的理想是“我想当一个好爸爸”。

小安说，小 F 平时的语文成绩很差，作文总是不合格，这一次也一样，别人都写了 600 字，他只写了 200 字。但是 Q 老师在小 F 读作文前，说了很长一段点评，说自己读了很感动，相信小 F 长大以后一定会成为一个好爸爸。有了老师的铺垫，小 F 读完作文以后，很多同学都哭了。

这件事让我也感动到流泪。它让我想起很多描写老师的老套情节，我没有想到在现实生活中它真的发生了。我想小 F 长大以后，也一定会记得这温暖的一幕吧？不知道这一次的鼓励，对他是不是会有不一样的意义？

这就是 Q 老师的故事。值得一提的还有她与家长们的交往，说来也奇怪，在 Q 老师身上，家长们搞“潜规则”的大为减少。他们给出的理由是，Q 老师很少批评和为难哪一个学生，但好像也没特殊对待过谁，所以似乎不太需要“讨好”。

反倒是我，突然产生了要跟老师亲近的念头。每年春节前，我家都要买几盆鲜花营造过年的气氛。小安爸爸每次都要给 Q 老师也带上一份，带着小安把花给老师送去，再给老师拜个年。

# 学校来了新老师

接下来要说的这位L老师，更是一个长长的故事。

L是小安初中三年的班主任，当时是作为人才刚刚被引进到学校的。

小安所在的学校是一所九年一贯制学校，一直以素质教育闻名，也算是一所老牌名校了。但在讲求升学率的大背景下，它也面临着很大的挑战。学校注重孩子的全面发展，保护孩子个性发展，始终坚持期末成绩不排名，还要求老师为学生的成绩保密。像小安那种曾经半年不写数学作业的孩子，老师在跟我沟通的时候还多少带着告密的心虚，一再表示“千万不要批评孩子，一定要正面引导”。所以这所学校出来的孩子明显跟其他学校的孩子不太一样，从好的方面讲是个性更张扬、敢自由表达观点，用不好的词形容就是随意散漫、不好管理。

这样的教育理念应该说是比较先进的，但并不是每个家长都能够接受的。所以，在孩子们升入初中之后，很多家长选择让孩子去了别的学校，其中就包括很多成绩好的孩子。

优质生源的流失是大事，再加上连续几年的中考成绩不太亮眼，学校必须采取措施了。于是在初中阶段，学校也开始公布成绩、搞排名了，这让很多习惯了原有教育模式的学生和老师都感到不适应，孩子迟迟进入不了应试教育的轨道，老师又在两种教育模式下游移不定，而这种状况又进一步引发了家长的焦虑和不满。

这也许就是L老师被引入这所学校的原因吧。L老师之前是一所教育培训机构的老师，据说经她辅导过的学生成绩都非常好，她有很多提升成绩的成功经验。学校应该是希望她的加入带来鲶鱼效应，改变老师的固有思维。

L老师当时30岁左右的年纪，应该也是带着很大的雄心抱负来到学校的。她的个人成长经历也非常励志，完全是靠着自己一步一步的努力才拼进这所令人羡慕的好学校的，她希望自己成为学生的榜样，带领他们走上拼搏之路。

相比小安之前的几位老师，我跟L老师的交往是比较密切的。她知道我从事文字工作，几次找我帮忙写班级的材料，包括她个人的总结之类的。她向我表露了自己的雄心以及为了孩子付出全部的决心。我也很感动，尤其是知道了她的励志故事后，我对她更充满了敬意，由衷地希望她成为小安人生道路上的领路人。

但L老师身上所表现出的另外一种气质，又多少让我有些不适应。我每一次给她帮忙，L老师都会表示，一定会对小安更为关照。这是我和小安从来没有受到过的“待遇”，我一方面受宠若惊，另一方面又觉得不妥，既不想让小安被照顾，更怕这种“私下交易”被小安发现，可又不敢当面拒绝老师，这岂不是太不识抬举了？

在我的半推半就下，小安确实是“被照顾”了。L老师给了她不少好机会，以至于有些家长已经不满了，因为在他们看来，小安的成绩和在班级里的表现是不配得到这些的。

这种“被照顾”的感觉并不好，它就像个被吹起来的气球，让我时刻担心会爆掉。

# 校服引发大风波

就在我和L老师走得很近的时候，小安却一改对之前所有老师无条件信任的态度，对L老师产生了越来越深的质疑。

小安跟L老师的第一次冲突发生在初一上学期的冬天。天气越来越冷了，学校不再要求所有学生必须穿校服。但L老师是个要强的人，希望自己的班级比别的班更有秩序、更有向心力，于是决定给全班同学统一订制班服，还精心地选了款式，男女生不同颜色，既好看又实用。L老师还是讲程序的，事先在家长群里征求了意见，家长们哪敢反对呀，当然是一致同意。可在征求学生意见时却遇到了问题，L老师本以为只是走个过场，让同学们知道一下，可没想到，当她问“有没有同学不想穿班服”，还真有一个学生举了手。

这个学生就是小安。

L老师第一时间给我打来电话，我一听就明白了原因所在。正如上文所说，小安小学六年一直是在一个宽松的环境里长大的，自由发表自己的见解已经成了习惯。进入初中后，这个环境突然就没有了。L老师不仅对学习抓得非常紧，而且做事很有计划性，学习计划安排得特别具体，具体到什么时候做什么事，特别注重全班整齐划一。这让小安非常不适应。

另一个前提是，就在几个月前，小安跟我一起看过一部德国影片《浪潮》。这是一部反思二战时期德国纳粹独裁统治的经典影片，因为小安对二战的历史不了解，我还专门给她进行了详细的讲解。在这部影片里，代表独裁的标志性桥段就是老师让学生穿统一的服装、必须举手发言。小安肯定把L老师的做法直接代入到了影片当中。

那一天是周五，接下来的双休日里我一直在跟小安讨论班服问题。我想让小安理解老师："她的初衷是好的，跟其他班级杂乱无章的服装比起来，你们更像一个集体，也就会更团结，更有凝聚力……"可小安马上打断我说："这跟《浪潮》有什么不同呢？接下来她要再让我们做什么，我们是不是就更不能提反对意见了？"

我无言以对，那一刻我的价值观也处于矛盾之中。如果我一直鼓励小安独立思考和自由表达，就不能彻底否定她的想法，而且我心里多少也不太接受老师完全整齐划一的做法。但是，如果支持她，会不会让她每一次都陷入这种被老师视为异类的境地之中？

最后，我只好放弃了形而上的讨论，直接回归到现实："你的反对会让老师很为难，她是新来的老师，而且是个负责任的好老师，要不我们就配合她一下？当然了，如果你要坚持自己的观点，我也会支持你，但未来你会不断遇到这样的情况，我们要做好一直跟老师对抗下去的准备。"

周一上学的时候，我最后一次问小安的决定，她委屈地说："你去跟老师说吧，我同意。"

# 是励志还是拜金

班服事件虽然平息了，但小安对L老师的质疑与日俱增。

L老师的励志故事，在小安听来越来越变味："她批评那些啃老的人，说他们是寄生虫，批评那些主张'干得好不如嫁得好'的人，这我都同意。可她老是炫耀自己的车子、房子、名牌衣服，也是拜金主义啊！"

让小安最不能接受的是L老师经常挂在嘴上的"loser（失败者）"一词，以及对这类人明显的歧视。有一次L老师看自习的时候接了一个电话，好像是跟小区物业发生了冲突，按小安的话说："她跟对方吵，充满了侮辱性的词汇，全班同学都睁大了眼睛。你一直教育我要平等待人，可L老师看人就是三六九等。"

我能理解L老师，她在艰难的奋斗过程中一定见过了很多黑暗，所以对人性充满了消极的看法。但这确实与我对小安的教育有很多冲突之处，当后来小安开始用"粗俗"一词来评价自己的老师时，我感觉我已经无法再说服她了。

如果说到这个时候我还只是保持沉默，接下来发生的一件事情让我坐不住了。

小安班上有个女同学小 M，长得很漂亮，性格也很活泼，总是和男生玩在一起。初中生里已经开始有早恋的了，小 M 就是被老师重点盯防的对象，属于 L 老师口中的“招蜂引蝶”型。其实包括小安在内的班里很多女同学也不喜欢小 M，觉得她太“疯”了，但 L 老师对小 M 的做法还是让大家吓了一跳。

一天，小 M 多半又做了什么过火的事，L 老师非常生气，当着全班同学的面对她讽刺挖苦，话很难听，还问小 M 的同桌和全班其他男孩子:“你们有谁喜欢她，愿意跟她同桌？”男孩子没一个敢应声的，于是 L 老师对小 M 说:“既然没人喜欢你，以后你就自己一桌！”

小安复述整个事件的时候，我越听越心惊：怎么会有这样的老师？这样的侮辱是一个孩子应该承受的吗？在我小的时候也有老师因为早恋的事这样批评过同学，可那是什么年代呀？今天怎么还会有这样的老师，用这样陈腐的观念来看待一个孩子呢？如果有一天这样的事发生在小安身上怎么办？！

# 投诉老师最不明智

如果我要列一个“一生中做过的N件蠢事”，无论选几件，接下来这一件一定会入选。

小M被老师“公开处刑”的事过去了几天，我一直在观望小M父母的反应，没想到居然风平浪静，反倒是我一直坐立不安。我私下里联系了一个能谈得来的家长，一交流，她说也早就对L老师一贯的做法很不满意了。于是我们决定，去找学校反映L老师的问题。

我跟小安说了我的这个想法，小安完全同意。我给她打预防针：“我这么做，只有两个结果，一个是学校接受了我们的意见，让L老师不再担任班主任，这当然是我们想要的。但也有可能，学校并不接受，只是对L老师批评教育了一下，那你就无论如何都在学校待不下去了。如果是这样，我们就转学，我已经跟一个民办的初中了解过了，他们同意接收你入学。”小安坚定地表示：“如果不换老师，我死活都待不下去了。”

我们见到了校长，校长也认真地倾听了我们的意见，表示赞同我们对老师的批评。就在我们自以为得手的时候，当天下午我就接到了L老师的电话。她态度既认真又官方，耐心地解释说，孩子讲述的过程并不完整，让我对她的做法产生了误解，真实的情况不是这样的。她一直在努力付出，希望每一个孩子都走上正途，希望我继续支持她的工作。

我一边听电话，一边也就明白了，这个电话是L老师在校长的要求下打的，她一定也是满肚子的委屈和问号。她肯定不能理解，我凭什么会为了一个完全无关的孩子告她的状？她一直照顾我的孩子，而我却反咬了她一口，这就是典型的恩将仇报啊！她肯定更不能理解，她一心一意地对待学生，付出了这么大的心血，居然会得到这样的结果。而她最终不能理解的是，这件事与上述这些无关，完全是我们之间教育理念上的冲突。

放下电话，我突然间哑然失笑。我意识到自己实在想得太简单，这事做得太冒失了。我之所以敢去找校长，是因为通过这么多年的观察，我对校长的教育理念和平时的作风是非常认可的，我相信他能听进去我的意见。如果我采取一种私下交流的方式，无论是跟L老师还是校长，得到的结果一定比现在好。我和另一位家长去了校长办公室，很正式地谈这件事，等于把校长架在了一个二选一的位置上。而换掉一个班主任老师，这在学校是多大的事啊！一个连老师都无法保护的校长怎么能够成为一个好校长呢？

# 逆境之中学成长

在对 L 老师的投诉事件中，我还判断错了一件事：对 L 老师的做法不认可的，只是我们少数人；对于大多数家长来说，L 老师认真、负责、教学水平高，是个难得的好老师，对少数坏学生进行严格教育又有什么错呢？校长听完我们的投诉，应该也广泛听取了其他人的意见，想必其他老师和家长给出的是跟我们完全相反的看法。

我只能接受这个结果，可小安的去留又是必须面对的问题。在这场与老师的博弈中，只有我们一个输家，那个跟我一起去找校长的家长其实是并不在意输赢的，因为她的孩子品学兼优，在什么样的环境里都会健康成长。

晚上放学，小安听了我的讲述，沉默不语。连着几天，我在跑转学的事，她一直沉默。直到马上就要开始办手续了，小安才开口："妈妈，这几天我认真想过了，我舍不得这个学校，我在这儿已经待了快 7 年了，也舍不得同学们，我不转学了。"

"可你想过没有，继续在这个学校，会是什么样，你不怕 L 老师为难你吗？不怕同学们排斥你？你要清楚，现在是初一，转学以后重新适应都还来得及，等上到初二、初三，你再觉得受不了想转学，可就很难了。”

小安坚定地说：“我保证，我一定受得了。”

那一年，十三岁的小安开始践行她一生中的第一个艰难承诺。在初中接下来的两年里，她仍然会跟我保持沟通，班级里的大事小情都会跟我说，但从来没有再提过L老师一个字，包括她跟L老师之间是否存在的交集与冲突。

我常常会带着巨大的歉意想，这件事一定是小安一生中难以抹平的一个伤口，错误因我而起，而我又无力解决。

每当我把这件事讲给别人听，总有人会很惊讶地说：“你也太傻了，用了最蠢的办法。你可以让孩子偷偷录音，然后放上网，这老师早死一百次了。”

但是，为了目的不择手段的事，我永远不会做，更不会教育孩子去做。我蠢，我认了。难为了小安。

# 老师也在火上烤

写到这儿的时候，正巧网络上在热议一则新闻：贵阳一所小学里，一个三年级班级的37个家长联名写信给学校，要求班里一个叫妞妞的女孩转学。主要原因是妞妞妈妈的教育理念跟老师有分歧，经常和老师发生争论，直接在班级群里发表长篇大论，对老师的做法表示不满，还经常提出一些“特殊”要求，比如允许孩子不写作业之类的，由此引起了其他家长的不满。新闻曝出来以后，官方介入调查，发现家长的做法后面有老师的推波助澜，于是对这位老师进行了处分，而妞妞妈妈虽然多少讨回了些说法，但也彻底把其他学生的家长和学校得罪了，孩子只好转学。

教育理念的分歧，一直存在着，老师与家长之间、家长与家长之间，都会因此产生激烈冲突。作为一个过来人，我同样会觉得妞妞妈妈的做法多少有些不理智，但一想到自己当年做的事，又好到哪儿去了呢？

再从L老师的角度来看，这件事肯定也是她教育生涯中很大的一个挫折吧？我不知道她心里是不是还在觉得委屈，也不知道她现在是否还和当年一样愿意为孩子无条件地付出。回想起我们之间的那场冲突，也许最能让我感到安慰的是，我没有选择更为过激的方式让事件升级。一想到她是年轻老师，还是一位有责任心和上进心的老师，以一种鱼死网破的方式毁掉她，并不是我的初衷。希望她能够把这次矛盾只作为一次教育理念的冲突，不与人性善恶联系起来，或许这样她会好受一些？至少，在为了孩子好这个点上，我们是一致的。

在互联网时代，家长们的维权意识更强了，多少年轻老师因一点小事就被网暴。所以，与一众万分焦虑的家长相比，老师更是时刻坐在火上烤。尤其是有越来越多年轻的“90后”以及“00后”进入了教师队伍，他们同样是被家长们捧在手心里长大的孩子，我们不能指望他们一夜之间就成长为心智成熟的好老师。

所以，希望看到这个故事的年轻家长们，从中吸取反面教训，让自己更智慧一些，也给老师更多的宽容、更多的时间。

*chapter 13*

# 优等生失去了啥

中等生家长讨论优等生的缺陷，

一定会被说成是“酸葡萄心理”。

孩子的成绩限制了他们的想象，

哪能体会优等生家长的快乐呢？

但反过来也一样，优等生家长也同样被限制了想象。

优等生同样要面临成长中的那些坎儿。

# 奇怪的游戏事件

前几天跟朋友老 A 聊天，说到了她最近的烦恼——儿子身上发生的一件小事。

她的儿子正上初中，期末考试后会放三天假，他事先跟一个同学约好了一起上网打游戏。可连续三天，同学一直没上线。孩子非常生气，认为对方不守承诺。妈妈说，打个电话问问啊。孩子坚决不打，直接把对方拉黑了，而且在家里各种发脾气，谁劝也不行。几天后返校，晚上回来，孩子脸上持续了几天的阴云一下子就不见了，说见到同学后一问，对方说家里的电脑坏了，一直没修好。于是，孩子觉得是自己误会人家了，好朋友还是好朋友。

老 A 就此总结说："本来一句话就能解决的事，却在家发了好几天脾气，孩子太不善于沟通了。"

听完这个故事，我一阵冷笑："修电脑这样的话，孩子也信？你当妈的居然也信了？"

老 A 瞪大了眼："难道是假的？"

于是我跟她分析："如果没上线是因为家长不让玩游戏，或者外出旅游不在家啥的，可能会是真的。可修电脑这个理由，实在太站不住脚了。修电脑又不是啥难事，买电脑都用不上三天。再说了，一个热衷于打游戏的孩子，能够忍受电脑修了三天还没修好吗？”

老A恍然大悟，但想了想又不甘心：“这真是太颠覆我的三观了！现在的孩子有这么坏吗，张嘴就骗人？”

我说：“那个孩子确实有错，没上线至少应该打电话说一声，不守信，也有些失礼。但怎么也说不上坏吧，人家只不过是找了个理由搪塞而已。再说得难听一点，不是人家的孩子坏，而是你的儿子太单纯了。这位同学甚至连瞎话都不想认真编，或者是觉得你的儿子太好骗，或者是并不在乎你儿子信不信。也就是说，你儿子万般珍惜的这份友情，其实对方并没有那么在意。”

老A听完，喃喃自语：“怎么会这样，是不是你想多了？”我说：“那是因为你的优等生儿子，限制了你的想象。”

老A一副落寞的表情，显然受到了很大的打击。我甚至觉得自己有些残忍，就好像在告诉一个孩子童话都是假的。

# 孩子单纯就好吗

“游戏事件”是再小不过的事了，似乎不值得大惊小怪。可我真心觉得老A的孩子有些过于单纯了。纯真是好事，但简单不是。特别是老A的儿子，姑且就叫小A吧，一个已经初三的孩子还如此单纯，真的好吗？

在朋友聚会的场合，我见过很多像小A一样的孩子。他们或者就一个人坐在角落里玩，见人从不打招呼；或者就满身是刺，大人说什么话都反驳，哪怕是听到赞美，也以漠然和不屑回应，弄得家长很尴尬，提起话头的人也只能自己找台阶下：“直率、诚实，挺好！”“叛逆期的孩子都这样，慢慢就好了。”

“叛逆”真是万能的背锅侠。

初中阶段的孩子已经进入青春期，确实会显得有些叛逆。因为这时候，他们看待世界已经开始有了自己的视角，不听话正是他们成长的证明。小安比较早熟，叛逆期出现得更早，而且表现得也很激烈，常常是以辩论的方式开始，辩着辩着就急眼，像刺猬一样。每到这个时候，不管我怎么不舒服，我都会这样安慰自己：这是好事，说明她长大了。

但与此同时，青春期也是孩子心智成熟的关键时期，他们慢慢拥有了对他人的复杂表情、语言、行为的分析能力以及一定的社交能力。他们可以分辨哪些是虚伪但善意的表扬，然后欣然接受；哪些是包裹友善外衣的恶意，然后在心里示警；还有就是——哪些假话能说，哪些真话不一定能说。

但老A的儿子显然不具备这些能力。以这次的“游戏事件”为例：

首先，约好了打游戏，同学却不上线，明明打个电话就能问清楚原因，却拒绝沟通。

其次，不沟通也行，但可以分析对方不上线的原因。如果是同学家里临时有事，是不是可以原谅呢？如果是人家不愿意跟自己玩，是不是可以反省一下自己哪里做得不好？这些有可能发生的情况他都不考虑，一味地认为就是对方不守承诺，就是别人错了，这就有些偏执了。

最后，同学随便编的一个理由就让他相信了。从盲目否定一个人到完全相信一个人，没有经过中间的分析判断过程，思维过于简单。

如果老A不带着儿子认真复盘，有一天修电脑的谎话被揭穿了，小A又会经历一次非黑即白的转换，也许情绪波动远比这一次还要大。

# 欺骗与善意谎言

老A给我提了个问题："如果我已经知道了儿子的同学在骗他，而他却完全不知情且乐在其中，那我应该把事情捅破吗？"

我和老A得出的结论是一致的——不能捅破。虽然观点相同，做法却完全不同。

老A的想法是，哪怕是假的，但孩子相信了，这就是好事，至少他开心了，永远都不能说破，否则孩子会崩溃的，这件事就到此为止了，大不了以后少让孩子接触这样的学生就是了。我认为这样不行，因为孩子没有在这件事里得到任何成长。同学之所以不愿意跟他玩，肯定有一部分原因是来自这个孩子本身的性格缺陷，比如过于简单、执拗且易怒，可能还会有其他原因。未来，这类事情一定还会出现。当他再大一些的时候，他如果还如此单纯，没有任何改进，而别人家的孩子心智变得更加成熟，他的人际交往会更加困难。再说到远离"坏孩子"，就算你想替他筛选朋友，可他会接受吗？

我给她这样的建议：当面捅破，孩子完全没有心理准备，当然不行，但可以用发生在别人身上的类似事件跟他讨论。比如说："妈妈单位有个饭局，有个叔叔性格很怪，说话伤人，大家都不愿意跟他一起吃饭，所以他问的时候大家就口径一致说饭局取消了。你觉得我们这样欺骗他对不对？”

这样的讨论，第一，可以让孩子琢磨真正的欺骗和善意的谎言之间微妙的区别；第二，可以让孩子想一想，这位不受欢迎的叔叔，身上有哪些大家不喜欢的行为；第三，可以培养孩子的共情能力，从当事者的角度来想象别人的感受。

多数情况下，孩子都可以因此反思自己，当然不会立竿见影，但他可以在以后的同学交往中慢慢体会到。

当然了，也不是说孩子一直这样单纯下去一定不好，毕竟，我们听过很多大科学家的故事，他们也都是心思简单的人，同样可以取得事业上的成功和家庭幸福，希望老 A 的孩子也能如此。但对于大多数平凡的学生来说，心态成熟、善于沟通、懂得合作，一定会是他们一生要学习的必修课。

# 莫把成熟当滑头

不知道为什么，成熟这个词常常被妖魔化。我小的时候，老师常常用“太成熟了”“思想太复杂了”来作为对孩子的负面评价，我也被这样评价过，至今心有余悸。

当老 A 意识到儿子是被人家给涮了，脱口而出的感慨也是如此：“那孩子也太成熟了。我家孩子可不能学这些‘阴谋诡计’，那不成了滑头了？”

我想她始终没搞明白一件事：滑头和成熟完全是两码事。成熟指的是心理的发育程度，是孩子懂得控制情绪，懂得用恰当的方式与人沟通。而滑头是用来评价一个人的品格的，遇到好事就上、遇到困难就躲的人是滑头，以假面示人换取利益的人是滑头。当然了，表现得滑头的人多半心智会更成熟，否则表现出来的就不是滑头，而是愚蠢了。所以，在培养孩子心智成熟的同时必须伴以品德教育。

以小 A 的这个“修电脑”的同学为例，他找的借口虽然不咋样，但怎么也说不上品行恶劣。在成年人的世界里，找借口有的时候不是出于恶意，只是不想让场面难堪罢了。

诚实的确是一种良好品德，但诚实不只实话实说这一种表现方式，在我们中国人的文化里，我们更追求的是问心无愧，是“不欺暗室”。昧着良心说假话肯定不行，但善意的谎言是可以的，会用含蓄委婉的方式来表达观点和态度，是一种修养良好的表现，更体现着一个人的善良、友善，有同情心、宽容心，有共情能力。

我们在生活中经常会看到一些存在社交困难的人，他们说话往往很直，动辄出口伤人，不受人欢迎，自己也很痛苦。所以，心直未必就要口快，所谓“良言一句三冬暖，恶语伤人六月寒”。我甚至都不觉得有所谓“刀子嘴豆腐心”一说，冰冷的言语背后更有可能是一颗凉薄、冷酷的心。

我最后又问了老A一个问题：“如果那个孩子不找借口，直接对你儿子说‘我就是不想跟你玩’，会怎样？”

老A似乎更茫然了：“做人真是太难了，这个世界我越来越搞不懂了。”

# 鲜花和掌声背后

真实的世界之所以令老A烦恼和百思不得其解，可能还有一个关键词——“优等生”。

老A和她的老公、儿子，一家三口都是优等生。夫妻俩都是名校出身，从小学一年级开始就带着尖子生的名头长大，孩子也一样，两三岁就被所有人认为是“天才儿童”，成绩一直好。

成绩优异的学生，成长轨迹往往简单。在学校里，不会受到同学欺负，犯错误也会被老师宽容；在家里，更不会受到家长的苛责，特别是今天的家长，只要孩子的成绩好就万事大吉，一俊遮百丑。他们在成长的过程中，一直收获着鲜花和掌声，但同时，也会失去很多心智成长的机会。对他们来说，学校可能就是一个学习知识的地方，学校里发生的很多事都跟他们无关，他们可能跟班级里成绩靠后的同学连话都没说过几句。

这是我亲身体验到的。毕业多年后的同学聚会上，大家说起上学时的种种笑话，几个当年班上的优等生，总会一脸羡慕：“还有这么多趣事，我怎么不知道呢？”

还有一次，我们班的一位学霸，大学后就去了美国，时隔二十年才回国。聚会时，班里一位当年的“学渣”拼了命地抢单，理由是学霸帮过他太多次，他说了很多具体的细节，说得眼圈都红了。大家都被感动了，可学霸却有些茫然。说起来，他是个“好”学霸，性格平和，不争不抢，没有令人反感的傲气和嚣张。但即使如此，他依然不会想到，那些无意间的点拨在另一个人的眼中就是友谊，并经过漫长的岁月长成了一片深情！

当然，也会有很多尖子生，情商同样很好，这与他们的原生家庭有极大关系：或者是家境贫寒，导致他们从小就会在其他方面受到歧视或冷眼，这都会令他们成长；或者是他们的父母本身就是社会经验丰富、心智成熟的人，孩子从小看在眼里，有样学样。

老 A 的家庭，恰恰上述两者都不是。以他们夫妻俩超强的专业能力，本应该在事业上有更大的成绩，可他们却没有，老 A 一直在感叹怀才不遇，没有遇到伯乐和机会。可我觉得问题就出在他们的情商上，他们都不是很善于与人保持良好沟通的人，特别是在对情感的感受力上更为欠缺。世界对他们来说，太过于黑白分明了，那些消弭颜色的真情，他们看不到。

两个高智商、低情商的大人，如何能够培养出一个高情商的孩子呢？

# 想出风头找机会

与优等生不同，平凡的孩子鲜少获得掌声和赞美，但这也让他们对掌声和赞美更加渴望。以我的女儿小安为例，她学习不突出，相貌不出众，还没法“拼爹”，于是她会在其他方面下功夫，并因此长出了更多的“能耐”。

她小学三年级时写过一篇作文，题目叫《运动会》，全文如下：

9 月 29 日是我们学校的运动会，这次运动会是在 ××× 大学举行的。

这次运动会我还参加了腰鼓队呢。我们在运动场外面的时候就已经全副武装了，因为我们是第一个表演的。

在比赛的时候，我还帮 C 老师干了两件事呢。第一件：我帮老师把赞美运动会的稿件交给了读稿的老师。第二件：我帮老师去告诉 ××× 和 ××× 要去检录。

比赛的时候老师给我们每个人都发了一个小五星红旗和一个小喇叭。我们边吹边摇红旗为运动员加油。

我特别高兴！

从这篇作文里可以看出来，对于一个平凡的孩子来说，能够被老师安排去做事，是很大的荣幸，她会努力做好每一件体现存在感的事。类似这样的事还包括：打扫教室，给老师倒水、拿教具，去学校其他部门送文件、取东西，帮老师跟其他老师传消息，为班级分发试卷，等等。

小安有一次很自豪地跟我说，老师最信任让她打水。大部分同学怕烫，家长也不让做，愿意做的同学还做不好，接满满一杯热水，容易洒，还凉得慢，老师一时半会儿喝不上，只有她会凉水和热水掺一下，温度刚刚好，而且只接大半杯，老师一节课只能喝这些，接多了倒掉会浪费水……如此一件小事，她做得有多么用心！

随着年级越来越高，小安就会接到“难度”更高的活儿。比如五六年级时，班级里经常有小组讨论，每一组都要有代表上台做PPT演讲。大家都愿意做上台的那个，可没人愿意费时费力做PPT，于是小安的工作一直是做幕后。她一点都不觉得委屈，哪怕老师看不见，但只要同组的同学因此跟她交好，她就很开心了。

# 跟成年人打交道

就是在一件件不起眼的小事中，小安得到了很大的锻炼，尤其是她与很多老师的接触。

现在的孩子在长大的过程中，跟成年人正常交往的机会并不多。而小安，因为帮老师做事，就跟其他班级、其他年级的老师，甚至教务处的老师、图书馆的老师有了打交道的机会。

听她回来讲述，有些传话的事是很费脑细胞的，比如主科老师让她去告诉体育老师，要占一堂体育课。这样的事完全可以老师之间当面说，或者打个电话。让学生传话的原因，大家一想就能明白。所以也就可以想象，体育老师面对传话的学生时能有什么好脸色？

但小安传话的次数多了，这倒成了她的一个乐趣，她回到家后会饶有趣味地讲述每一次体育老师的不同反应。而她传话的技巧也在大大提高，让体育老师听上去不那么反感。这是一个多好的锻炼啊，没有父母或者班主任老师在旁边提醒她该怎么应对，只能靠她自己体会，一点点勇敢、大方起来，学着用成年人的方式去与人沟通。

其间，小安还跟图书馆的一位老师建立起了很深的友谊。图书馆老师当然不会在意她是不是一个优等生，只是觉得她很爱读书，还愿意跟老师讨论书里的内容，是个有趣的孩子。后来，这位老师去了另外一个城市工作，小安考上大学后，我们去那个城市旅游，还专门去看了这位老师，师生相见甚欢。

对于像小安这样的平凡学生，学习知识的同时，学校还是一个与人打交道、成就友谊、锻炼各种能力的地方，后者可能还更重要一些。所以，这也解释了为什么很多中小学老师都会觉得优等生不懂得感恩，毕业生中对老师最感恩、经常回学校看老师的一般都不是班里学习最好的几个人，恰恰都是当年“调皮捣蛋”、被他批评得最狠的孩子。就是因为优等生往往会觉得自己受到的优待都是应得的，毕竟他们一直在为老师、班级甚至学校争光。而那些“调皮捣蛋”的孩子在经历了社会熔炉的残酷之后，更加体会到当年老师的批评是多么真诚，学校里发生的那些事是多么美好。

这可能就是小安们的偏得吧。